Felices por Siempre

Encuentra *gracia* en las fallas en el matrimonio

ESPAÑOL

NASHVILLE, TENNESSEE

Felices por siempre: Encuentra gracia en las fallas en el
matrimonio

B&H Publishing Group
Nashville, TN 37234

Clasificación Decimal Dewey: 242.64
Clasifíquese: Literatura devocional / Adultos / Meditaciones

Publicado originalmente por Desiring God con el título
Happily Ever After: Finding Grace in the Messes of Marriage
© 2017 por Desiring God.

ISBN: 978-1-5359-1542-7

Impreso en EE. UU.
1 2 3 4 5 * 21 20 19

Contenido

CONTENIDO

Prefacio

Había una vez…

Quizás sentiste que *tu* relación empezaba de esa manera. Se conocieron y empezaron a hablar, a pasar tiempo juntos, a descubrir cosas el uno sobre el otro. Se enamoraron y se comprometieron. Tal vez incluso los planes para la boda y la ceremonia salieron a la perfección. Y muchas parejas (aunque no todas) han tenido su luna de miel feliz, digna de cuentos.

Pero, si hace más de una o dos semanas que estás casado, ya sabes cómo pueden aterrizar de golpe las duras realidades de vivir en una era caída. El matrimonio entre pecadores sí que tiene sus enredos… no solo problemas fuera del matrimonio que tienen que sortear juntos, sino enredos creados *dentro* de tu matrimonio, por ti y por tu cónyuge. Quizás hayan tenido su época de «había una vez», pero pronto te das cuenta de que *este* matrimonio, en *este* mundo, todavía no es tu «felices para siempre».

Queremos ayudar. Creemos que Dios no diseñó el matrimonio para que fuera principalmente un obstáculo, una prueba para soportar con los dientes apretados, sino como un indicador y un punto de partida hacia tu mayor gozo. Es cierto, en esta vida se pueden experimentar grandes alegrías, pero las más grandes de todas llegarán después. Dios no diseñó el matrimonio para que fuera tu final de cuentos, sino un comienzo fresco que te ayude a prepararte para el verdadero «felices para siempre», cuando veamos juntos a nuestro maravilloso Novio cara a cara.

Tal vez te hayas dado cuenta de que el matrimonio es un tema que genera posturas acaloradas hoy en día. No solo hay muchas fuerzas que intentan redefinir agresivamente su misma esencia, sino que las complejidades de vivir en el siglo XXI añaden tensiones y estrés que empujan a un sinnúmero de parejas al punto de quiebre. Puede ser más importante que nunca volver a mirar lo que Dios reveló claramente respecto al matrimonio. Si queremos tener alguna esperanza certera de que el matrimonio nos ayude en nuestra travesía por este mundo caído (en lugar de volverla más peligrosa), necesitamos con desesperación saber qué tiene para decir el que diseñó el matrimonio sobre esta institución única y singularmente significativa.

En las páginas siguientes, hemos compilado 30 lecturas diarias breves para que realicen juntos con tu cónyuge. Las diseñamos especialmente para parejas más jóvenes o de recién casados, pero su contenido es atemporal y esperamos que muchas parejas veteranas, e incluso aquellas que todavía no se han casado, puedan encontrar en este material inspiración y un desafío adecuado.

Naturalmente, estas páginas incluyen un fuerte énfasis en aquellas cosas que hacen que el matrimonio sea único: el contexto establecido por Dios para la expresión sexual, los roles particulares que Dios les ha asignado a los esposos y las esposas, y los desafíos puntuales que suelen surgir en una relación de una intimidad tan multidimensional. Además, intentamos abarcar una variedad de temas; desde la sexualidad, las dinámicas entre cónyuges, la resolución de conflictos hasta el crecimiento en la santidad. También, en varios lugares, intentamos crear cierta progresión tópica de un día al siguiente, cuando esto parecía aportar algún beneficio.

No obstante, reconocemos que ninguna serie de devocionales breves puede cubrir todas las áreas y exponer todas las repercusiones de los muchos pasajes profundos que hay en la Escritura respecto al matrimonio. Después de todo, el matrimonio es una institución especial en el reino de Dios, pero al mismo tiempo, un medio para el fin supremo de glorificar a nuestro Creador y Salvador, al colocar la belleza de Cristo y de Su iglesia a la vista de un mundo que observa. No quisiéramos que estas lecturas más breves sustituyan a un estudio más amplio y exhaustivo del matrimonio, sino que sirvan como un suplemento inspirador y esclarecedor. De los muchos libros buenos sobre matrimonio, recomendamos *Pacto matrimonial: Perspectiva temporal y eterna*, de John Piper, y también te animamos a echarle un vistazo a desiringGod.com para encontrar artículos, sermones y más.

Para ayudarlos a ti y a tu cónyuge a que avancen hacia una aplicación práctica, cada devocional incluye una breve sección llamada «Para conversar». La idea es generar el debate e ideas para la acción, para que disfruten con tu cónyuge.

Que Dios obre con poder en tu matrimonio a través de estas lecturas, mientras buscan seguir juntos a Jesús y servirse el uno al otro en el camino hacia el gran «felices para siempre» que nos anticipa el diseño del matrimonio.

Colaboradores

FRANCIS CHAN es un pastor que vive en San Francisco, y participa activamente de la plantación de iglesias en el Área de la Bahía. Es el autor de *Loco amor: Asombrado por un Dios incesante.* Él y su esposa, Lisa, tienen cuatro hijos y viven en San Francisco.

JASMINE HOLMES es esposa, escritora y comidista. Estudió literatura inglesa y ha servido como maestra de escritura en una escuela clásica en un barrio marginado. Junto con su esposo Phillip, son padres de un recién nacido.

DAVID MATHIS es el director ejecutivo de desiring-God.org y pastor de la iglesia Cities en Minneapolis, Minnesota. Es el autor de *Hábitos de gracia: Disfrutando a Jesús a través de las disciplinas espirituales.* Él y su esposa Megan tienen tres hijos.

JOHN PIPER es el fundador y maestro de desiring-God.org, y rector del Bethlehem College & Seminary en Minneapolis, Minnesota. Ha escrito más de 50 libros, incluido *Pacto matrimonial: Perspectiva tempo-*

ral y eterna. Él y su esposa, Noël, tienen cinco hijos y doce nietos.

STACY REAOCH es esposa y madre de cuatro hijos. Disfruta del ministerio a las mujeres a través de estudios bíblicos y discipulado en la iglesia Three Rivers Grace, donde su esposo Ben es el pastor. Viven en Pittsburgh, Pennsylvania.

ADRIEN SEGAL vive en Minneapolis, Minnesota, con su esposo Rick. Son miembros de la Iglesia Bautista Bethlehem y trabajan con el Bethlehem College & Seminary. Tienen cuatro hijos y dos nietos.

MARSHALL SEGAL es el editor general de desiring God.org, y autor del libro próximo a publicarse *Not Yet Married: The Pursuit of Joy in Singleness and Dating* [Todavía sin casar: La búsqueda de la felicidad en la soltería y el noviazgo]. Marshall y su esposa Faye viven en Minneapolis y están esperando su primer hijo.

JOSH SQUIRES sirve como el pastor de consejería y cuidado congregacional en la Primera Iglesia Presbiteriana de Columbia, Carolina del Sur, donde vive con su esposa Melanie y sus cuatro hijos.

KIM CASH TATE es esposa, mamá, bloguera y autora de varios libros, que incluyen el reciente *Hidden Blessings* [Bendiciones escondidas]. Junto con su esposo Bill, viven en Saint Louis, Missouri.

P. J. TIBAYAN es pastor de la Primera Iglesia Bautista del Sur en Bellflower, California, donde vive con su esposa Frances y sus cinco hijos. Bloguea en gospelize.me y ayuda a liderar el grupo local de The Gospel Coalition en Los Angeles y la Asociación Bautista del Sur en Los Angeles.

DONALD S. WHITNEY es esposo, padre y profesor de espiritualidad bíblica en el Seminario Teológico Bautista del Sur en Louisville, Kentucky. Es el autor de *Disciplinas espirituales para la vida cristiana*, y más recientemente, *Orando la Biblia*.

DOUGLAS WILSON es pastor de la Iglesia Christ en Moscow, Idaho, y autor de muchos libros, que incluyen *Reforming Marriage* [La reforma matrimonial] y *How to Exasperate Your Wife: And Other Short Essays for Men* [Cómo exasperar a tu esposa: y otros ensayos breves para hombres]. Él y su esposa, Nancy, tienen tres hijos y numerosos nietos.

NANCY DEMOSS WOLGEMUTH es la fundadora de Aviva Nuestros Corazones, un ministerio que llama a las mujeres al avivamiento y a la verdadera femineidad bíblica. Es la autora de 18 libros y dirige dos programas diarios de radio, *Aviva nuestros corazones* y *Buscándole a Él*. Está casada con Robert y escribe el blog *True Woman* [Mujer verdadera].

1

EL OBJETIVO DEL MATRIMONIO NO ES EL MATRIMONIO

FRANCIS CHAN

¿No saben que en una carrera todos los corredores compiten, pero solo uno obtiene el premio? Corran, pues, de tal modo que lo obtengan.
—1 Corintios 9:24

Como el divorcio está desenfrenado, incluso dentro de la iglesia, tiene sentido que intentemos compensar en exceso haciendo un énfasis mayor en el matrimonio del que encontramos en la Escritura. Pero, al hacerlo, tal vez estemos lastimando matrimonios en lugar de ayudarlos.

Las parejas pueden centrarse fácilmente en sí mismas, en vez de concentrarse en la misión. Los solteros que solían servir a Jesús en forma radical ahora se pasan los días mejorando y disfrutando de su matrimonio. Otras parejas discuten sin cesar y pasan sus días buscando consejo y sumidas en la desesperación. De cualquier manera, se vuelven virtualmente inútiles para los propósitos del reino. No tiene por qué ser así. Por eso Pablo escribió en 1 Corintios 7: «Les digo esto por su propio bien, no para ponerles restricciones, sino para que vivan con decoro y plenamente dedicados al Señor» (1 Cor. 7:35). El objetivo es vivir «plenamente dedicados al Señor». Medita en esas palabras. Recuerda que la Biblia no es un libro sobre el matrimonio; es un libro sobre Dios. Lo mejor que podemos hacer con nuestras breves vidas es dedicarnos a Él y a Su misión. Ese es el objetivo. Y el matrimonio en realidad puede ayudarnos a alcanzar este objetivo. Por eso, Pablo fomenta el matrimonio para aquellos que tienen tentaciones sexuales. Un matrimonio saludable ayuda a evitar tentaciones que destruirían nuestra eficacia. Pero recuerda que, casado o soltero, el objetivo es dedicarse por completo a Dios. El matrimonio puede usarse como un medio para mejorar nuestra devoción a Jesús. No lo entendamos al revés y pensemos en Él como el medio para mejorar nuestros matrimonios.

No tenemos tiempo para pelear ni para acomodarnos. Vamos en busca de un premio (1 Cor. 9:24-27). Estamos intentando hacer la mayor cantidad de discípulos posible (Mat. 28:18-20), con la mayor profundidad posible. Habrá tiempo de sobra para celebrar después de que crucemos la línea de llegada. Por ahora, seguimos corriendo.

Para conversar

¿Has observado en la iglesia este aparente énfasis excesivo en el matrimonio? Habla con tu cónyuge sobre cómo tener el matrimonio demasiado en alto en realidad termina dañándolo, en vez de ayudarlo.

CÓMO VER A JESÚS EN LA ETAPA DEL MATRIMONIO

P. J. TIBAYAN

Esposos, amen a sus esposas, así como Cristo amó a la iglesia y se entregó por ella para hacerla santa. Él la purificó, lavándola con agua mediante la palabra.

—Efesios 5:25-26

Él se sacrifica, ella se somete. Él guía, ella sigue. Él inicia, ella afirma. Él refleja a Jesús, ella refleja a Jesús. El mayor privilegio en el matrimonio es reflejar a nuestro Salvador. Y, en el diseño de Dios, el privilegio es igualmente grande, aunque cada cónyuge refleje de manera distinta y única a Jesús.

Cómo ver a Jesús en un esposo

El esposo refleja a Jesús. «Esposos, amen a sus esposas, así como Cristo amó a la iglesia y se entregó por ella para hacerla santa. Él la purificó, lavándola con agua mediante la palabra» (Ef. 5:25-26). Los esposos tienen que amar a sus esposas. Amar es desear, planear y actuar en pro del bien supremo del ser amado. Entonces, el esposo debe saber qué es lo mejor para su esposa: Dios mismo. Así, tiene que planear, desear y actuar para llevarla a un mayor conocimiento y *disfrute* de Dios.

El esposo está llamado a reflejar el amor sacrificado de Jesús al morir a sí mismo —a su pecado, su egoísmo y sus intereses personales— y, en cambio, expandir sus intereses para incluir el gozo en Dios de su esposa. Esto implica morir a cualquier ambición de ser Dios en el corazón de su esposa, y morir a sus preferencias siempre que colocar las de ella por encima de las propias no lleve al pecado. En este amor sacrificado, la esposa verá un reflejo del Mesías al mirar a su hombre. Y este amor genera confianza.

El esposo también refleja a Jesús lavando a su esposa con el agua de la Palabra de Dios. Su objetivo es la santidad de ella: su obediencia al Padre celestial y su satisfacción en Él. Entonces, él le habla las palabras de Dios a su esposa, lee la Biblia con ella, y disiente con gentileza y la reprende con gracia cuando peca. Le confiesa sus pecados y se arrepiente, de acuerdo a la Palabra de Dios. En su lealtad inquebrantable a la Escritura, el esposo hace eco del refrán de Jesús: «Escrito está» (Mat. 4:4,7,10).

Cómo ver a Jesús en una esposa

Ella también refleja a Jesús. «Esposas, sométanse a sus propios esposos como al Señor. Porque el esposo es cabeza de su esposa, así como Cristo es cabeza y salvador de la iglesia» (Ef. 5:22-23). La esposa refleja a Jesús al someterse a su esposo como su cabeza.

¿Cómo? Pablo nos enseña que Jesús está bajo el liderazgo del Padre (ver 1 Cor. 11:3). Aunque es plenamente Dios, Jesús se humilló a sí mismo al transformarse en humano (Fil. 2:6-7). Cuando le pidió al Padre que no le hiciera beber ese trago amargo (un símbolo de su muerte inminente en nuestro lugar), concluyó: «pero no sea lo que yo quiero, sino lo que quieres tú» (Mar. 14:36). Y, por último, «se hizo obediente hasta la muerte, ¡y muerte de cruz!» (Fil. 2:8). Jesús se sometió al Padre.

Una esposa refleja a Jesús cuando se somete a la iniciativa de su esposo. Esto significa que seguirá la guía de su esposo, incluso cuando prefiera o desee otra cosa. Como mujer piadosa casada con un hombre, se someterá a su iniciativa sacrificada y así reflejará la gloria de la sumisión de Jesús al Padre. La excepción es si la voluntad de su esposo la lleva a pecar. Incluso en esa instancia, su resistencia es un llamado amoroso al arrepentimiento motivado por un corazón contrito, porque desea que su esposo honre al Señor.

Por último, en su sumisión humilde al liderazgo de su esposo, ella será exaltada. Pablo declara que, debido a la sumisión de Cristo, «Dios lo exaltó hasta lo sumo y le otorgó el nombre que está sobre todo nombre» (Fil. 2:9). Dios exaltó a Jesús porque Él se sometió con humildad al liderazgo del Padre. A menudo, Dios exalta a la esposa piadosa y perseverante en esta vida (ver Prov. 31:28-29). Pero, incluso si esto no sucede en la vida presente, sin duda, en el juicio venidero, ella recibirá su recompensa por su sumisión. Y en esa exaltación final y gloriosa, reflejará a Jesucristo, quien fue exaltado por su sumisión humilde.

El esposo refleja el amor de Jesús, a medida que sirve y se sacrifica por el bien de su esposa. La esposa refleja el amor de Jesús, a medida que se somete con humildad y valor a la guía de su esposo, mientras aguarda la exaltación que vendrá.

El matrimonio es una etapa única y maravillosa, llena de oportunidades diarias para reflejar las glorias del Rey Jesús.

Para conversar

Hablen del liderazgo sacrificado y de la sumisión alegre en su matrimonio. ¿Es esta la manera en la que ya han entendido el matrimonio? Si no, ¿qué es necesario cambiar y repensar?

3

SERPIENTES, SEMILLAS Y UN SALVADOR

NANCY DEMOSS WOLGEMUTH

> *La serpiente era más astuta que todos los animales del campo que Dios el Señor había hecho, así que le preguntó a la mujer: —¿Es verdad que Dios les dijo que no comieran de ningún árbol del jardín?*
>
> —Génesis 3:1

Siete semanas después de mi reciente matrimonio, aterricé en Génesis 3. En muchos aspectos, todavía somos recién casados. Sumamente enamorados. Todavía estamos sorprendidos de lo que Dios ha hecho. Todavía estamos asombrados del regalo que Dios nos dio en el otro. Todavía estamos cautivados y explorando la maravilla de lo que significa ser «una sola carne».

Y ya somos conscientes de la presencia de la serpiente entre nosotros. Es un intruso que sabe mejor que nadie lo que Dios quiere para nuestro matrimonio, que desprecia a Aquel que nos unió, y que detesta la historia que nuestro matrimonio debe contar.

Este villano, disfrazado con un manto de luz, y que adopta la voz de la razón y la justicia, se me acerca en momentos en que tengo la guardia baja. Se nos aproxima en el dulce jardín de nuestro nuevo amor y planta en el suelo de mi mente semillas de duda sobre cuestiones que Dios ha revelado como verdaderas; suscita temores de que mi Creador tal vez no quiera lo mejor para mí; me llama a exaltar mi voluntad por encima de la de Dios, a imaginar que mis caminos son superiores a los Suyos y a abrirme en forma independiente de mi Dios y de mi esposo.

Reconozco la influencia sutil y nefasta de la serpiente:

- Cuando que me escuchen y que me entiendan me importa más que escuchar y entender;
- Cuando tener la razón me resulta más importante que ser humilde;
- Cuando supongo lo mejor de mí misma y no pienso lo mejor de mi precioso Adán;
- Cuando exagero las faltas de mi esposo en mi mente, mientras hago concesiones con las propias (o las ignoro completamente);

- Cuando creo que soy la clase de esposa que a menudo he desafiado a otras a ser, sin una infusión diaria y constante de la gracia sobrenatural del Señor que me permite serlo;
- Cuando mis necesidades, mis planes y mis prioridades me parecen más urgentes que las de mi esposo;
- Cuando que me vean y me conozcan me da miedo y me resulta confinante;
- Cuando el transformarnos en uno solo me resulta un esfuerzo más grande del que quiero hacer en el momento;
- Cuando intento controlar a mi hombre o el resultado de una conversación o una decisión;
- Cuando le arrebato el cayado de las manos a mi pastor.

Génesis 3 me recuerda que nada de esto debería resultarme una sorpresa, que no soy la primera esposa en escuchar y acatar el llamado de sirena de la serpiente, que sus tácticas también se aplicaron primero sobre recién casados, que su intención es separar lo que Dios unió.

Me recuerda que el dolor y la enajenación y las promesas rotas son el fruto de confiar en la serpiente en lugar de en Aquel que nos hizo a mi cónyuge y a mí, y que nos casó.

También me recuerda que, apenas la primera esposa sucumbió al sonido de la serpiente, otra semilla fue plantada... fue plantada por un Dios que fue en busca del corazón errante de la mujer con infinita misericordia y gracia; la semilla del evangelio, de promesas hechas y cumplidas, de promesas de una Simiente magullada que, un día, se levantaría para aplastarle la cabeza a la serpiente.

Me recuerda que mi esperanza y el bienestar de nuestro matrimonio no descansan en la fortaleza de mi esposo ni en la mía, ni siquiera en nuestros esfuerzos determinados de obrar bien. Nuestra esperanza descansa en aquella santa Simiente, herida por nosotros, la cual tomó nuestra vergüenza como si fuera propia, se entregó por nosotros y vistió nuestra desnudez con las ropas de Su propia justicia, adquiridas con el derramamiento de Su sangre.

Este Salvador nos permitirá aferrarnos el uno al otro; amarnos con profundidad, abnegación y fidelidad; vivir como una sola carne; cumplir con humildad y gozo las responsabilidades que Dios nos dio en este matrimonio; escapar de las apelaciones de la serpiente; caminar juntos a la luz de nuestro Hacedor; recibir perdón cuando caemos y unirnos a Él para vencer los designios malvados de la serpiente.

Para conversar

Afirma a tu cónyuge por las maneras en que refleja los buenos propósitos de Dios para tu matrimonio. ¿Qué patrones de obediencia gozosa ves? ¿Cómo, por la gracia de Dios, han crecido juntos?

4

UN AGENTE DE CAMBIO ESPECIAL

MARSHALL SEGAL

> *Y Dios creó al ser humano a su imagen; lo creó
> a imagen de Dios. Hombre y mujer los creó, y los
> bendijo con estas palabras: «Sean fructíferos y mul-
> tiplíquense; llenen la tierra y sométanla». [...] Y
> vio Dios todo lo que había hecho, y he aquí que era
> bueno en gran manera.*
> —Génesis 1:27-28,31.

Hubo un día (o al menos unas pocas horas) cuando el matrimonio fue puro, impoluto, libre de pecado y de egoísmo. Es más, todo el mundo era así. Dios había mirado Su creación y había visto que era buena: completa, impecable, rica y llena de vida (Gén. 1:31). Y una parte central de aquel mundo utópico era el matrimonio: un hombre y una mujer juntos en una unión establecida por Dios, llena de Él y que lo glorificaba (Gén. 1:27).

El matrimonio no fue una disposición optativa y circunstancial en la agenda de Dios. Se encontraba en el centro mismo, vinculando a los dos personajes más importantes de esta historia nueva y épica. Sin duda, el pecado ha roto y deformado lo que era bueno y puro en ese primer matrimonio. No obstante, citando Génesis 2, Pablo dice que desde el principio, el misterio del matrimonio es que fue hecho para representar la relación de Jesús con la Iglesia (Ef. 5:31-32). Esto significa que el pecado no fue una sorpresa en el diseño de Dios para el matrimonio. Más bien, de manera trágica pero hermosa, sirvió para cumplir ese diseño.

Los matrimonios de hoy, a pesar de sus defectos, todavía llevan a cabo (aunque en forma imperfecta) los propósitos gloriosos que Dios les dio en el jardín... propósitos como nuestra santificación. Si colocas a dos personas temerosas de Dios, que siguen a Jesús, pero que son pecadoras, en una relación tan estrecha, con un pacto para evitar que huyan, habrá tensiones, conflictos y, *es de esperar*, cambio.

Tal vez, el mejor medio que Dios nos ha dado, bajo el Espíritu Santo, para hacernos más parecidos a Él son las personas en nuestras vidas que nos aman lo suficiente como para confrontar nuestros patrones de egoísmo, insalubridad y pecado. El matrimonio coloca a esa persona amorosa con nosotros en la misma familia, la misma casa, el mismo presupuesto y la misma promesa de pacto. Si Dios es indefectiblemente fiel a Sus promesas y el Espíritu es en verdad más poderoso que nuestras debilidades, y si nosotros dos realmente queremos más de Dios, Él nos usará para erradicar el pecado y cultivar la justicia en el otro.

Para conversar

Hablen sobre cómo la llegada del pecado al mundo cambió fundamentalmente la experiencia cotidiana del matrimonio. ¿Cómo sería distinto tu matrimonio sin el pecado? Dentro del plan sabio y misterioso de Dios, ¿qué oportunidades presenta la realidad del pecado en tu matrimonio?

5

EL SEXO ES PARA LOS CREYENTES

JOHN PIPER

> *Todo lo que Dios ha creado es bueno, y nada es despreciable si se recibe con acción de gracias, porque la palabra de Dios y la oración lo santifican.*
>
> —1 Timoteo 4:4-5

Dios diseñó los placeres del sexo para el disfrute de los cristianos. Es posible que perdamos de vista esto, dado que Hollywood le ha arrancado las cortinas al lecho sagrado del matrimonio, y ha transformado un placer exuberante y santo en un espectáculo barato. Quizás nos veamos tentados a pensar que, como al sexo se le da un mal uso pecaminoso y socava de tal manera la belleza de la santidad de Cristo que nos satisface plenamente, tal vez los cristianos no deberíamos tener nada que ver con él.

Pablo declara lo opuesto. El mundo es el que ha robado lo que les pertenece a los creyentes. El sexo les pertenece a los cristianos. Porque el sexo le pertenece a Dios. Él creó los placeres sexuales «para que los creyentes y los que han conocido la verdad participaran de ellos con acción de gracias» (1 Tim. 4:3 RVC). Si el sexo cae en manos de aquellos que no creen ni conocen la verdad, se prostituye. Estas personas han cambiado la gloria de Dios por imágenes (Rom. 1:23). Han arrancado el sexo del lugar donde Dios lo colocó, en la órbita del matrimonio. Sin embargo, no saben lo que hacen, y si Dios no interviene con Su gracia salvadora, el precio que pagarán en esta vida y la venidera es incalculable.

Los placeres sexuales son para los creyentes. Fueron diseñados para que los hijos de Dios manifestaran su expresión más sublime. Él guarda Sus regalos más exuberantes para Sus hijos. Y mientras disfrutamos de Su regalo del sexo, afirmamos (mediante nuestra fidelidad a nuestro cónyuge, establecida por el pacto) que Dios es más grande que el sexo. Y los placeres sexuales son en sí un desbordamiento de la bondad misma de Dios. Este placer es menor de lo que experimentaremos plenamente en Él a Su diestra. Y en él, probamos algo de Su misma exquisitez.

Cuando el valor inapreciable y los placeres de Cristo son supremos, todas las dimensiones de la relación sexual —incluidos el *experimentar* placer, el *buscar* placer, el *dar* placer y la *abstinencia* del placer— encontrarán su expresión bíblica y que exalte a Cristo. Todo lo que Dios hizo es bueno. Todo es para la alabanza y el amor. Y esto es cierto tanto para el festín como para el ayuno. En la unión sexual y en la abstinencia. El sexo fue creado para la gloria de Cristo: para la gloria que exalta a Cristo en la fidelidad del matrimonio que cumple con el pacto, y para la gloria que exalta a Cristo en la castidad de la soltería. Siempre es algo bueno. El sexo siempre es una ocasión de mostrar que su Dador es mejor que la expresión sexual.

Para conversar

¿Hasta qué punto la visión que tiene el mundo sobre el sexo ha influido en la de ustedes? ¿Cómo puede afectar el saber que «el sexo es para los creyentes» su manera de pensar y de sentir respecto a la relación sexual?

6

LA INTIMIDAD MATRIMONIAL ES MÁS QUE SEXO

JOSH SQUIRES

Sobre todo, ámense los unos a los otros profundamente...
—1 Pedro 4:8

En general, cuando los esposos y las esposas empiezan a sentir una desconexión en el matrimonio, el problema de raíz es la intimidad. Una de las claves para reconectarse es entender que la intimidad tiene muchas facetas. Es más, hay al menos cinco clases distintas de intimidad. Solo cuando las cinco funcionan bien, podemos tener matrimonios donde haya una profunda conexión.

1. La intimidad espiritual

Este es el centro desde el cual emergen todas las demás clases de intimidad. Si la intimidad espiritual es fuerte, las otras tendrán cierta resiliencia natural. La intimidad espiritual viene de estar juntos en la Palabra de Dios, de orar el uno por el otro y de adorar juntos. La Palabra de Dios es el sustento para nuestras almas (Mat. 4:4; Deut. 8:3). Cuando tenemos la misma dieta espiritual, podemos esperar crecer de maneras similares y, por lo tanto, crecer juntos, no por separado.

2. La intimidad recreativa

Este vínculo se crea y se fortalece al compartir actividades recreativas; desde crucigramas hasta ala delta. Esta clase de intimidad suele ser mayor al principio de la relación, cuando ambos cónyuges están dispuestos a probar cosas que no les resultan naturalmente cómodas, con tal de estar en la presencia de su compañero. A medida que la presencia se vuelve la norma (y que la vida se complica con el trabajo, los hijos y más), las oportunidades para las actividades recreativas caen en picada, y el costo puede dispararse. No obstante, Dios nos hizo para disfrutar de las actividades de la vida; en especial, con nuestro cónyuge (Ecl. 9:9), y en nuestros matrimonios es necesario que esté la capacidad de reírnos y jugar juntos, si queremos poder superar las épocas de lágrimas y pruebas.

3. La intimidad intelectual

Los esposos también se conectan al hablar de temas compartidos de interés, ya sea de manera informal o seria. El cordel de la relación se refuerza cuando se ejercitan mentalmente con tu cónyuge. Las películas, la política, la cocina... cualquier tema de interés compartido vale.

De manera similar a la intimidad recreativa, la intimidad intelectual suele ser mayor al principio de una relación. A medida que pasa el tiempo, los esposos a menudo suponen que saben lo que piensa su cónyuge prácticamente respecto a cualquier tema. Aunque muchas veces esto es cierto, los detalles son lo que importan, y casi siempre hay un ángulo nuevo para explorar. Las recompensas bien valen la pena.

4. La intimidad física

Esto es lo que muchas personas entienden por «intimidad», pero lo importante aquí no solo es el sexo. Un abrazo, acurrucarse en el sofá y darse de la mano sin duda son cuestiones importantes. Es más, una de las quejas más comunes de las esposas es que el esposo puede interpretar casi cualquier toque físico como una señal de que ella quiere intimidad sexual, cuando a veces, lo único que necesita es acurrucarse.

De todas las clases de intimidad, esta es la que produce más beneficios para los hombres. En general, los hombres se sienten más conectados en los momentos en que la intimidad física es mayor (especialmente, la intimidad sexual). No es ninguna sorpresa, ya que Dios instruye al hombre a deleitarse en estas actividades con su esposa (Prov. 5:18-19).

5. La intimidad emocional

Mientras que la intimidad intelectual aborda temas y suele estar dominada por pensamientos, la intimidad emocional aborda experiencias y suele estar dominada por sentimientos. Como los hombres en general tenemos un vocabulario emocional más limitado y nos resulta más incómodo un discurso cargado de emociones que a nuestras esposas, podemos malinterpretarlas a ellas cuando hablan. Imaginamos que lo que quieren es intercambiar ideas, cuando, en realidad, desean que alguien se identifique con sus sentimientos.

Más allá de cualquier limitación, los hombres son llamados a atender el corazón de sus esposas tanto como las mujeres son llamadas a atender la sexualidad de sus esposos. La intimidad emocional suele ser la que produce mayor conexión para las mujeres. Por algo lo primero que hizo Adán (que entonces, no tenía pecado) apenas vio a Eva no fue llevarla a la cama, sino que pronunció el primer poema de amor del mundo (Gén. 2:23).

Ciclos buenos y malos

Cuando los hombres se sienten desconectados, suelen intentar obtener intimidad física a través de la intimidad recreativa (hagamos algo divertido juntos y quizás terminemos en la cama). Cuando las mujeres se sienten desconectadas, suelen intentar obtener intimidad emocional a través de la intimidad intelectual (hablemos de algo y quizás terminemos comunicando nuestros sentimientos).

Entonces, las parejas pueden encontrarse con facilidad en ciclos de aislamiento, concentradas más en recibir que en dar. Aquí es donde el compromiso cristiano de amor mutuo, incluso cuando duele (Juan 13:34-35; Gál. 5:13; 6:2; Ef. 4:2,32; 1 Ped. 4:8-10), puede ayudar a la pareja a superar los ciclos de aislamiento y pasar a ciclos de intimidad, mientras colocan con amor la necesidad del otro antes que las propias.

Buscar la conexión mutua ayuda a arraigarnos en el amor íntimo de Aquel en quien nuestra conexión es eterna e infalible: el mismo Dios.

Para conversar

¿Te identificas con los patrones típicos de buscar intimidad (hombres: recreativo para obtener lo sexual; mujeres: intelectual para obtener lo emocional)? Hablen sobre maneras en las que cada uno se siente amado, y pregunten cómo pueden comunicar mejor el amor a su cónyuge.

7

LAS MUJERES SUPERIORES...
Y LOS HOMBRES QUE NO PUEDEN
SUPERARLAS EN GENEROSIDAD

DOUGLAS WILSON

La mujer ejemplar es corona de su esposo...
—Proverbios 12:4

Cerca del final de su libro clásico, *La democracia en América*, Alexis De Tocqueville declaró:

Ahora que me aproximo al fin de este libro, en el cual he hablado de las muchas cosas importantes que hicieron los estadounidenses, respondería sin vacilar de la siguiente manera a la pregunta de a qué se debe el progreso singular y la fuerza y prosperidad crecientes de este pueblo: se debe a la superioridad de sus mujeres.

Ahora, traigo esto a colación no para afirmar nada sobre la naturaleza esencial de los estadounidenses, que son pecadores como cualquier otro, ni para que los modernos se tropiecen con la palabra *superioridad*. Más bien, lo menciono con un sencillo propósito: durante una época crítica en el desarrollo de nuestra nación, las mujeres tuvieron un impacto notable, y dada la época, la potencia de su virtud no tuvo nada que ver con muchos de los trucos que hoy usamos para «empoderar a las mujeres».

Una esposa piadosa no solo se adorna a sí misma; adorna a su esposo. Es una corona de gloria. Lo hace como esposa virtuosa, y esto es precioso, en parte, debido a su relativa rareza. Si fuera algo sencillo, habría más personas felices de ser virtuosas. Así que, en el centro de una esposa que se adorna y que adorna, hay un temor de Dios profundo y perdurable.

La Biblia describe a una mujer agraciada con sabiduría y bondad con estos términos: «La mujer agraciada tendrá honra, y los fuertes tendrán riquezas» (Prov. 11:16, RVR1960). Así como las riquezas le llueven a un hombre fuerte, la honra le llueve a una mujer agraciada. Así que la mujer es la corona y la gloria de su esposo siempre y cuando sea una mujer *agraciada*. Si lo es, tendrá honra como alguien que ha cumplido con su llamado.

Al hacerlo, ella *completa* a su esposo: Dios ha declarado que no es bueno que el hombre esté solo, pero también que le sería mejor estar solo que tener una esposa sin gracia. *Una mujer agraciada completa a su esposo.*

Esta mujer le rinde honor a su esposo, lo cual no se trata de un temor servil, sino más bien de una reverencia saludable y piadosa. Cualquiera que crea que esto rebaja a la mujer necesita salir más. No lo honra como un siervo honra a un rey, sino como una corona honra a un rey. *Una mujer agraciada honra a su esposo.*

Y, al vivir de esta manera, le hace bien a su marido. Mientras él provee para sus necesidades, ella administra bien su hogar. «Ella le es fuente de bien, no de mal, todos los días de su vida» (Prov. 31:12). *Una mujer agraciada enriquece a su esposo.*

Como lo indica la cita de De Tocqueville, cuando la mujer es virtuosa, los demás se dan cuenta. ¿De dónde proviene esto? El apóstol Pablo nos dice que un hombre que ama a su esposa se ama a sí mismo (Ef. 5:28).

El matrimonio piadoso está diseñado de tal manera que sea imposible que el hombre supere a la mujer en generosidad. Esto no se debe a que él pueda ser el egoísta, sino más bien, es la misma razón por la cual un agricultor industrioso no puede superar la producción de su campo. Si un hombre se sacrifica por su esposa, como Cristo hizo por la Iglesia, descubrirá que ella produce una cosecha que rinde el treinta, el sesenta y hasta el ciento por uno. Al ser su gloria, saca a relucir sus fortalezas.

Ella se encuentra donde se manifiestan los puntos fuertes de él y vuelven para bendecirlo.

Para conversar

Un matrimonio piadoso puede hacer que «sea imposible para un hombre superar a su esposa en generosidad». ¿Te parece cierta esta afirmación? Si así es, ¿qué clase de sacrificio debería inspirar esto en un esposo? ¿Y qué clase de motivación debería darle a una esposa?

8

PARA ESCUCHAR BIEN, HACE FALTA PACIENCIA

DAVID MATHIS

... Todos deben estar listos para escuchar, y ser lentos para hablar y para enojarse.
—Santiago 1:19

Escuchar es una de las cosas más fáciles que harás jamás, y una de las más difíciles. En cierto sentido, escuchar es fácil... o, más bien, *oír* es fácil. No requiere la iniciativa ni la energía necesarias para hablar. Por eso «la fe es por el oír, y el oír, por la palabra de Dios» (Rom. 10:17, RVR1960). Oír es fácil, y la fe no es una expresión de nuestra actividad, sino de recibir la actividad de otro. Es «el oír con fe» (Gál. 3:2,5, RVR1960) lo que acentúa los logros de Cristo y, por lo tanto, lo que constituye el canal de gracia que comienza y sostiene la vida cristiana. Pero, a pesar de esta facilidad (o quizás precisamente debido a ella), solemos luchar contra esto. En nuestro pecado, preferimos confiar en nosotros mismos que en otro, acumular nuestra propia justicia que recibir la de otro, decir lo que pensamos en lugar de escuchar a otro. Escuchar de verdad, con constancia y de manera activa es un gran acto de fe, y un gran medio de gracia, tanto para nosotros como para nuestro cónyuge.

El texto constitutivo para el escuchar cristiano tal vez sea Santiago 1:19: «Todos deben estar listos para escuchar, y ser lentos para hablar y para enojarse». En principio, es lo suficientemente sencillo, y es prácticamente imposible de poner en práctica. Demasiadas veces, somos lentos para escuchar, rápidos para hablar y para enojarnos. Así que aprender a escuchar no es algo que sucede de la noche a la mañana. Requiere disciplina, esfuerzo e intencionalidad. Como bien dicen, se va mejorando con el tiempo. Aprender a escuchar mejor no depende de una gran resolución de actuar mejor en determinada conversación, sino de desarrollar un patrón de pequeñas resoluciones de concentrarme en personas particulares en momentos específicos.

Dietrich Bonhoeffer, en su libro *Vida en comunidad*, nos da algo para evitar: «escuchar con medio oído y suponer que uno ya sabe lo que la otra persona dirá». Según él, esta forma de escuchar es «impaciente y desatenta, y [...] tan solo espera la oportunidad de hablar». Tal vez pensamos que sabemos adónde se dirigen las palabras de nuestro cónyuge; entonces, empezamos a formular nuestra respuesta. O estábamos haciendo algo cuando nos empezaron a hablar, o tenemos otro compromiso en puerta y preferiríamos que la otra persona ya hubiera terminado.

O quizás, escuchamos con medio oído porque tenemos la atención dividida, ya sea por el ambiente exterior o por nuestro rebote interior egoísta. Como se lamenta Janet Dunn: «Por desgracia, muchos estamos demasiado absortos en nosotros mismos cuando escuchamos. En vez de concentrarnos en lo que se dice, estamos ocupados decidiendo qué responder o rechazando mentalmente el punto de vista de la otra persona».

Entonces, para escuchar bien verdaderamente hace falta concentración y que lo hagamos con los dos oídos, que escuchemos a la otra persona hasta que termine de hablar. El que habla rara vez empezará por lo más importante y lo más profundo. Tenemos que escuchar todo el hilo de pensamiento, de extremo a extremo, antes de lanzarnos a responder.

Para escuchar bien, hace falta silenciar el teléfono y no interrumpir la historia, sino ser atento y paciente. Estar relajado por fuera y activo por dentro. Hace falta energía para bloquear toda distracción que nos bombardea y las cuestiones periféricas que se filtran continuamente en nuestra conciencia, además de todas las excelentes posibilidades que se nos ocurren para interrumpir. Cuando somos rápidos para hablar, es necesaria una paciencia impulsada por el Espíritu no solo para ser rápidos para oír, sino para seguir escuchando.

Para conversar

Seamos sinceros: ¿cómo nos va en el ministerio de escuchar al otro? Empiecen por ustedes. Formulen juntos uno o dos pasos prácticos que pueden dar para mostrarse más amor al escuchar con atención.

9

TENEMOS QUE HABLAR DE LA SUMISIÓN

KIM CASH TATE

Ahora bien, quiero que entiendan que Cristo es cabeza de todo hombre, mientras que el hombre es cabeza de la mujer y Dios es cabeza de Cristo.
—1 Corintios 11:3

Hoy en día, llama la atención escuchar a alguien hablar de manera directa sobre el rol establecido por Dios para una mujer, de apoyar con amor y someterse a su esposo (quien, a su vez, tiene que cumplir con lo que Dios establece para él al someterse a Cristo). Parecería que, cada vez más, es un tema que no se puede debatir con educación, incluso entre los creyentes... incluso desde el púlpito. Aquí hay tres razones por las cuales debemos hablar sin disculparnos sobre la sumisión.

6. La sumisión señala a la supremacía de Cristo

El esposo es cabeza de su esposa *así como* Cristo es cabeza de la Iglesia. Y, *así como* la Iglesia está sujeta a Cristo, la esposa también lo está a su esposo, en todo (Ef. 5:22-24). La sumisión en el matrimonio es un foco secundario, un reflejo. Señala a una gloria más grande. Cuando marginalizamos la sumisión en el matrimonio, opacamos el reflejo. Si no hablamos al respecto (y ni hablar de ponerlo en práctica), el concepto mismo de la sumisión se vuelve extraño. El mundo necesita saber que hay un orden y una autoridad divinos. Jesús es el Rey de reyes y Señor de señores. Está sentado a la diestra del Padre, muy por encima de toda ley y autoridad, poder y dominio, y todo está sujeto debajo de Sus pies (Ef. 1:20-22). La sumisión en el matrimonio da testimonio de nuestro Señor resucitado, que reina supremo.

7. La sumisión estima la verdad

Como creyentes, no queremos parecernos ni en lo más mínimo a aquellos que obstruyen la verdad (Rom. 1:18). Al contrario, nuestra obligación es levantar en alto la verdad de la Palabra de Dios, sin importar en qué tiempos vivamos, sin importar cuán incómodo nos resulte. Y, es cierto, en muchos círculos puede ser incómodo hablar de la sumisión. La incomodidad es deliberada. El dios de este mundo ha atacado la sumisión para suprimir esta verdad. No queremos alinearnos con su misión. Sin embargo, si la sumisión queda relegada al ámbito de aquellas cosas de las cuales no hablamos, la verdad sufre. Por el contrario, cuando abrazamos la belleza y la gloria que hay en la sumisión y ayudamos a otros a hacer lo mismo, la Palabra es glorificada.

8. La sumisión afirma el orden creado por Dios

Dios formó a Eva de la costilla de Adán porque Adán necesitaba una ayuda idónea. Cualquier concepto de que la sumisión es de alguna manera producto de la caída o que viene de la época en la que se escribió el Nuevo Testamento sencillamente no es verdad. En el jardín, donde todo fue declarado «bueno en gran manera», la sumisión estaba a la vista (Gén. 1:31). Era una cuestión central a la belleza y la perfección divinas que existían en esta relación matrimonial.

Alejarse del tema de la sumisión es dejar de lado fundamentos del matrimonio que Dios estableció desde un principio. Si alguna vez hubo un momento para dialogar sobre el matrimonio, la sumisión y la gloria de Cristo relacionada, es ahora.

Para conversar

¿Qué significa (y qué no significa) la sumisión a la luz de lo que Dios, y no la sociedad moderna, tiene para decir? ¿De qué maneras específicas sientes la fricción en tu matrimonio entre las voces contrastantes de la Palabra de Dios y los medios seculares?

10

HASTA QUE LA MUERTE NOS SEPARE

DAVID MATHIS

... lo que Dios ha unido, que no lo separe el hombre.

—Mateo 19:6

El 29 de junio de 2007, mi esposa y yo nos paramos ante nuestro pastor, nuestros amigos y nuestra familia (y, más importante aún, ante nuestro Dios), y nos prometimos mutuamente:

> Te seré fiel
> En tiempos de abundancia y de necesidad,
> En tiempos de alegría y de tristeza,
> En tiempos de enfermedad y de salud,

Prometo amarte y valorarte,
Hasta que la muerte nos separe.

Hasta que la muerte nos separe. Sin excepciones. Sin cláusulas de escape. No solo en tiempos de abundancia, de gozo y de salud, sino también de necesidad, de tristeza y de enfermedad. No hay concesiones para ninguna comezón de los siete años, ni ninguna otra excusa. Dejamos a nuestro padre y nuestra madre e hicimos un pacto para fundirnos en un solo ser (Gén. 2:24), y tomamos bien en serio las palabras de Jesús: «lo que Dios ha unido, que no lo separe el hombre» (Mat. 19:6). Ninguno de nosotros diría que el matrimonio ha sido fácil, pero sí podemos afirmar que es glorioso que la única salida sea la muerte.

Las tensiones, las presiones y los dolores del matrimonio nos tomaron desprevenidos al principio. Nuestro noviazgo había sido sumamente pacífico (resultó ser que fue demasiado pacífico) y desde que nos comprometimos, solo hubo algunos baches. Pero, una vez que nos comprometimos por completo, ambos con la absoluta convicción de que ese era nuestro compromiso inquebrantable hasta la muerte, sin escapatorias ni brechas exegéticas, entonces, después de dejar de lado la condicionalidad del noviazgo y el compromiso, y de adoptar la incondicionalidad del pacto matrimonial, por fin nos sentimos libres de ser nosotros mismos. Esto era bueno, aunque al poco tiempo se volvió un tanto escabroso.

Pero nuestros enredos eran buenos y los necesitábamos con desesperación (y todavía los necesitamos). El enredo había estado (y sigue estando) siempre dentro de nosotros, en nuestro corazón egoísta y pecaminoso, y la verdadera limpieza no podía empezar hasta que saliera a la luz. Los dos habíamos tenido compañeros de habitación y discipuladores cristianos que habían hecho énfasis sobre nuestros pecados y nos habían empujado hacia Jesús. Pero había algo en este pacto de por vida —algo al saber que estaríamos con este compañero de habitación hasta que la muerte nos separe— que nos obligó a hablar sobre las peculiaridades, las idiosincrasias y los pecados que, de lo contrario, podríamos haber ignorado durante algunos meses o incluso un par de años.

Como dos pecadores rescatados que dependemos de Jesús para la redención eterna y para aumentar la redención aquí en esta vida, no queríamos que las cosas quedaran en la superficie. Deseábamos conocernos de verdad el uno al otro, y transformarnos en la mejor versión de nosotros mismos en Cristo, en lugar de ponerle la mejor cara posible al matrimonio. Podríamos haber intentado seguir viviendo detrás de una fachada de armonía y no esforzarnos por ir más hondo, y experimentar tan solo el gozo tenue que viene de mantener todo en la superficie. Pero nosotros queríamos más (y todavía lo queremos). Queríamos un gozo más grande. Queríamos una satisfacción más plena. Queríamos el placer mayor que solo surge al otro lado del dolor y la dificultad. Queríamos la mejor relación que viene solo después de que las cosas empeoran. Y el matrimonio donde la única salida es la muerte forzó este asunto.

Sin embargo, «hasta que la muerte nos separe» no solo es mejor para nosotros y para nuestros hijos (se podría decir mucho al respecto), sino que nos permite ser mejores testigos ante el mundo que está lleno de relaciones condicionales. En algunas, como el empleo, las condiciones son buenas y necesarias. Pero cuando toda clase de relación está llena de condiciones, puede parecer que no hay descanso para el cansado.

El mundo necesita ver en los matrimonios cristianos algo que les señale al Salvador, el cual, sin condiciones, decidió amar a Su esposa, la Iglesia (Ef. 1:4-6), y en las buenas y en las malas, a pesar de todas las fallas y la infidelidad de ella, el Señor sigue purificándola, «lavándola con agua mediante la palabra, para presentársela a sí mismo como una iglesia radiante, sin mancha ni arruga ni ninguna otra imperfección, sino santa e intachable» (Ef. 5:26-27).

Cuando en el ámbito más fundamental de todos, se acaban las excepciones y las condiciones, el hombre debe aprender a amar «a su esposa como a sí mismo» (Ef. 5:33) y a descubrir el gozo de Hechos 20:35: «Hay más dicha en dar que en recibir». En el pacto, no podemos dejar atrás la realidad de nuestro matrimonio tanto como no podemos abandonar nuestro propio cuerpo. «El esposo debe amar a su esposa como a su propio cuerpo» (Ef. 5:28).

Para conversar

Busquen una copia de sus votos matrimoniales y léanlos juntos. Hablen sobre la diferencia que marca haberse comprometido el uno con el otro en las buenas y en las malas, en enfermedad y en salud, en riqueza y pobreza, sin más salida que la muerte misma. ¿De qué manera fortalece tu relación un matrimonio sin condiciones, en lugar de debilitarla?

11

NO NOS AVERGONZAMOS DE LA BIBLIA

JOHN PIPER

> *¡Bendita sea tu fuente! ¡Goza con la esposa de tu
> juventud! Es una gacela amorosa, es una cervatilla
> encantadora. ¡Que sus pechos te satisfagan siempre!
> ¡Que su amor te cautive todo el tiempo! ¿Por qué,
> hijo mío, dejarte cautivar por una adúltera? ¿Por
> qué abrazarte al pecho de la mujer ajena? Nuestros
> caminos están a la vista del Señor; él examina todas
> nuestras sendas.*
> —Proverbios 5:18-21

No tiene por qué avergonzarnos la sensualidad sin
rodeos del amor sexual en el matrimonio, tal como
aparece en la Biblia; a veces, de manera gráfica.

No es ninguna vergüenza que los «caminos [del hombre] están a la vista del Señor», mientras los pechos de su esposa lo satisfacen siempre. Por eso Dios la hizo de esa manera y lo hizo a él de esa manera. Es más, que su deleite sea «a la vista» del Señor (en la presencia del Señor) señala la verdad de que todo nuestro disfrute de lo que Dios ha hecho fue creado para deleitarnos en Él. Hay algo de Su gloria en todas las glorias del mundo.

No se supone que nos deleitemos en Su creación *en lugar* de deleitarnos en Él o *más* que en Él, sino debido a Él, y porque hay algo del Señor en todo lo que es bueno y hermoso. Los cielos cuentan la gloria de Dios (Sal. 19:1). Están allí para que la veamos. Y debemos adorarlo a Él. Lo mismo sucede con los pechos de nuestra esposa. Los pechos cuentan la gloria de Dios, la bondad de Dios, la belleza de Dios y más. Están allí para que los veamos. Y debemos adorarlo a Él.

El Cantar de los Cantares está en la Biblia, entre otras razones, para garantizar que tomemos en serio los exquisitos placeres físicos entre esposos, como una imagen de Cristo y de Su Iglesia. Lo importante no es que invalidemos los placeres físicos de este cantar al interpretarlo como una imagen a todo color de Efesios 5:22-33. Lo importante es que permitamos que el cantar nos abrume al entender que Dios diseñó semejante relación entre un hombre y una mujer —desde el principio—, como una imagen de los placeres del pacto entre Cristo y Su Iglesia.

Para conversar

Lean en voz alta Cantar de los Cantares 4:5-7 y 7:3-10, y respondan juntos estas dos preguntas: 1) ¿Qué repercusión tiene en nuestro matrimonio que el amor marital y el sexo se celebren de esta manera en la santa Palabra de Dios? 2) ¿Qué me resulta más incómodo de esta visión del amor matrimonial, y por qué puede ser que me sienta así?

12

¿ESPERAS QUE TU MATRIMONIO SEA FÁCIL?

ADRIEN SEGAL

> *Pero Dios demuestra su amor por nosotros en esto: en que cuando todavía éramos pecadores, Cristo murió por nosotros.*
> —Romanos 5:8

Cuando nos casamos, la mayoría de nosotros cree en el fondo que, aunque muchos matrimonios son sumamente difíciles, el nuestro será la excepción. Sin duda habrá dificultades aquí y allá, pero si nos tomamos del brazo con nuestra alma gemela, las montañas se derretirán a nuestros pies.

Adán parecía tener esta visión, y es comprensible, ya que el pecado todavía no había entrado al mundo.

Cuando vio por primera vez a la mujer que Dios había creado para ser su compañera, no pudo contener su alegría: «Esta sí es hueso de mis huesos y carne de mi carne» (Gén. 2:23). En lo profundo de su ser, Adán valoraba que la mujer, formada por Dios de la misma carne de Adán para ser su ayuda, satisfaría sus necesidades de compañía, apoyo y placer como ninguna otra cosa que Dios había creado. Y así sería, porque Dios vio que «no es bueno que el hombre esté solo» (Gén. 2:18) y, en Su compasión, creó una compañera perfecta para Adán.

Las expectativas de Adán eran tan altas como podían serlo en aquel primer día, porque todavía no había sido corrompido por el pecado ni había experimentado sus consecuencias. Sin embargo, su ingenuidad comprensible e incluso justa no lo salvó de la cruda realidad que vendría. En Génesis 3, se derrumba con violencia y tragedia la dulce imagen de amistad e intimidad.

¿Se habría equivocado Dios? ¿No se dio cuenta de que el débil juicio de esta mujer llevaría a la destrucción de toda la humanidad? ¿No anticipó que el matrimonio entre Adán y Eva sería mucho más difícil de lo que podrían haber imaginado? Literalmente, abandonaron el paraíso para luchar por conseguir cada bocado de comida.

Ningún matrimonio ha sido fácil jamás. Lo increíble es que siempre parecemos esperar que el nuestro lo sea.

El amor en la tierra de lo fácil

Por supuesto, el matrimonio no es el problema. El pecado es el problema. El pecado hace que todo matrimonio sea difícil. Al parecer, entonces, Dios no creó el matrimonio para facilitarnos la vida. Lo creó para desplegar la belleza, la profundidad, la fortaleza y el amor que nunca podrían descubrirse en una tierra de lo «fácil». Dios creó el matrimonio para ayudarnos a conocer lo que es el verdadero amor.

El mejor matrimonio y la peor esposa

Nosotros, la Iglesia, tenemos el inexpresable privilegio de ser la esposa de Cristo (Ef. 5:25; Apoc. 19:7-9.) En este matrimonio, vemos un amor como el de Oseas: el esposo lo derrama sin medida sobre su esposa, incluso cuando ella se burla de él, lo denigra y busca placer en otros (Os. 2:14-23). Vemos un amor que jamás se da por vencido, sin importar cuán a menudo la esposa acuda a dioses inferiores para buscar un gozo que solo se puede hallar en el Esposo verdadero (Rom. 8:38-39). Vemos el amor abrumador, inexplicable y sacrificado del Esposo, hasta la muerte, para proteger y guardar a Su esposa: una esposa que parece considerar a diario ese regalo como algo menos importante que las necesidades terrenales comparativamente insignificantes que ella espera que Él cumpla (Rom. 5:8; Isa. 53:1-12).

No es una imagen agradable. Pero paradójicamente, es una de impresionante belleza. Cuanto más Dios está dispuesto a luchar para demostrar Su amor, más hermoso se hace este amor.

Por qué Dios te dio el matrimonio

El matrimonio, y todas las demás cosas difíciles que experimentamos en esta vida, son un medio que Dios ha diseñado para ayudarnos a beber profundamente de la gloria inmensurable del amor genuino. Jamás veríamos esta belleza y esta profundidad paseando por un camino sin estorbos. El esfuerzo persistente, esmerado y que se sobrepone, impulsado por el poder sustentador de nuestro Creador Dios termina produciendo un profundo gozo y una satisfacción que el amor egoísta, que consiente y es «fácil» nunca experimentaría ni demostraría. La mejor imagen que tenemos de esto es la cruz. Alabado sea Dios porque Jesús no esperó que Su matrimonio con Su esposa fuera fácil. Pero, como Él fue fiel en el matrimonio más difícil y espantoso, ahora podemos disfrutar de placeres para siempre.

En el matrimonio, Dios te llama a demostrar el amor que Dios te ha mostrado en la preciosa persona hecha a Su imagen a la cual te ha unido. Dios no te anima a buscar toda tu satisfacción en tu cónyuge... solo Él puede ser la fuente de tu satisfacción. Sin embargo, sí te ha llamado a mostrarle a tu cónyuge y a otros cómo es el amor *de Dios*. No el amor entre personas sin pecado, sino un amor lleno de gracia, paciente y que perdona. Un amor como el de Cristo. Qué llamado tan supremo y santo. Los esposos y las esposas que entienden esto descubrirán que las cosas más difíciles que soportan juntos son por cierto algunas de las más hermosas y santificadoras.

Para conversar

¿Creen que su matrimonio será «distinto»; que otros pueden tener dificultades, pero que a ustedes les resultará fácil? Hablen con sinceridad sobre cómo el matrimonio está resultando ser distinto de lo que esperaban.

13

EL LLAMADO A AMAR
Y A RESPETAR

DOUGLAS WILSON

> *Esposos, amen a sus esposas, así como Cristo amó
> a la iglesia y se entregó por ella [...] y que la esposa
> respete a su esposo.*
> —Efesios 5:25,33

La Escritura nos enseña que los cristianos deben honrar o respetar a todos los hombres (1 Ped. 2:17). Todo ser humano es un portador de la imagen de Dios así que, por supuesto, somos llamados a respetar y a honrar eso. Y, por supuesto, la Escritura también nos enseña a amar a nuestro prójimo (Lev. 19:18), y Jesús, en Su famosa historia, aclara que nuestro prójimo es cualquier persona que Dios haya colocado frente a nosotros (Luc. 10:29-37). Así que todos los cristianos deben amar a todos, y todos los cristianos deberían honrar a todos. Eso es lo básico.

Pero, cuando hablamos de la relación particular entre esposos, la Escritura hace un énfasis importante y adicional. A los esposos se les indica específicamente que amen a sus esposas como Cristo amó a la Iglesia (Ef. 5:25). A las esposas se les indica específicamente que respeten a sus esposos como la Iglesia a Cristo (Ef. 5:33).

Estos mandamientos están dirigidos a nuestras debilidades respectivas y relativas. Se nos manda hacer cosas que quizás no haríamos, a menos que nos lo dijeran. Por ejemplo, a los hijos se les dice que obedezcan a sus padres, porque a ellos les resulta fácil no hacerlo (Ef. 6:1). De la misma manera, a los esposos se les indica que amen a sus esposas, porque les resulta fácil no hacerlo. A las esposas se les manda que honren a sus esposos, porque les resulta fácil no hacerlo. Se nos manda hacer cosas que quizás no se nos ocurrirían. Si todos las hiciéramos naturalmente, ¿para qué habría que hablar de ellas?

Las mujeres son mejores que los hombres a la hora de amar. A los hombres no les cuesta tanto respetar. C. S. Lewis observó una vez que las mujeres consideran el amor como cargar con los problemas de otros... algo mucho más cercano al *ágape* escritural que aquello que los hombres hacen por naturaleza.

Para ellos, el amor suele implicar no causarles problemas a los demás.

Así que es necesario que los hombres sean *llamados* a sacrificarse por sus esposas, a cargar con lo que las aflige, tal como Cristo se entregó a sí mismo por la Iglesia. Las mujeres necesitan que las insten a respetar a sus esposos. Una mujer puede, por naturaleza, amar a un hombre al cual no honra ni respeta demasiado, y para Pablo, esto era un problema. ¿Cuántas veces hemos escuchado la terrible historia de la muchacha que vuelve con su novio abusivo porque «lo ama», aunque él la trata como basura? Pero, si le preguntáramos si lo respeta, ella respondería: «¿Es una broma? *¿A él?*». Y los hombres deben ser llamados a entregarse por sus esposas. Esto es lo que significa una boda.

Para conversar

Hablen sobre cómo encaja este énfasis claro para amar a la esposa y respetar al esposo con tu propia experiencia y con lo que sabes en tu corazón. ¿Cómo puede ayudarte esta perspectiva a aprender a amar y respetar mejor a tu cónyuge?

14

EL AMOR ES MÁS
QUE UNA ELECCIÓN

JOHN PIPER

*Abandonen toda amargura, ira y enojo, gritos
y calumnias, y toda forma de malicia. Más bien,
sean bondadosos y compasivos unos con otros, y perdónense mutuamente, así como Dios los perdonó a
ustedes en Cristo.*
—Efesios 4:31-32

Aquí se encierra un suave rechazo a un dicho popular. Afirmar «el amor es una elección» o «el amor es una decisión» tiene parte de verdad. Es cierto que, si no sientes deseos de hacerle bien a tu prójimo, el amor te inclinará a «escoger» hacerlo de todas maneras. Si tienes ganas de divorciarte, el amor te inclinará a «decidir» permanecer casado y solucionar el problema.

Si el dolor de los clavos en las manos te hace retroceder, el amor te inclinará a exclamar: «no se cumpla mi voluntad, sino la tuya» (Luc. 22:42). Esa es la verdad que escucho en afirmaciones como «el amor es una decisión» o «el amor es una elección».

Pero *prefiero* no usar estas frases. Demasiadas personas escuchan tres tendencias en ellas, a las que tal vez no se refiera el que las pronuncia.

1. Afirmar «el amor es una decisión» parece implicar que tenemos la capacidad de amar, aun cuando no sentimos deseos de hacerlo.
2. Afirmar «el amor es una decisión» parece implicar que la voluntad, con sus decisiones, es el agente moral decisivo más que el corazón, junto con sus afectos.
3. Afirmar «el amor es una decisión» parece implicar que no hay expectativas demasiado altas: si puedes decidir tratar bien a alguien, ya hiciste todo lo que debías.

No estoy de acuerdo con ninguna de estas tres perspectivas. En cambio, diría lo siguiente: Tanto respecto a desear hacer el bien como a decidir hacer el bien que no deseamos, dependemos absolutamente de la gracia decisiva de Dios. Todo lo que honra a Cristo (tanto nuestros afectos como nuestras decisiones) son regalos para los pecadores caídos (1 Cor. 4:7; Gál. 5:22-23).

Debajo de la voluntad, con sus decisiones, se encuentra el corazón, el cual produce nuestras preferencias, y estas preferencias guían la voluntad. «El que es bueno, de la bondad que atesora en el corazón produce el bien; pero el que es malo, de su maldad produce el mal, porque de lo que abunda en el corazón habla la boca» (Luc. 6:45).

Si nuestro amor no es más que una decisión, todavía no es lo que debería.

Es importante escucharme decir: «*más* que una decisión». No niego que haya decisiones cruciales que tomar en una vida de amor. No niego que estas elecciones y decisiones sean parte de lo que el amor *es*. Así que no digo que las afirmaciones «el amor *es* una elección» o «el amor *es* una decisión» sean falsas.

Pero mi celo es que la riqueza y la profundidad (y la imposibilidad humana) de lo que es el amor en la Biblia no se pierda. Por eso, este empujoncito de rechazo.

Para conversar

En tu matrimonio, ¿cómo podrías estar comprometiendo tu propia alegría a largo plazo si tan solo consideraras el amor como una decisión o una elección? Por otro lado, ¿en qué perjudicaría tu matrimonio tan solo considerar al amor como un sentimiento, y no también como una decisión? ¿De qué maneras concretas pueden hacer que el amor mutuo sea más que simplemente una decisión?

CASADOS EN UNA GUERRA REAL

FRANCIS CHAN

... aunque vivimos en el mundo, no libramos batallas como lo hace el mundo. Las armas con que luchamos no son del mundo, sino que tienen el poder divino para derribar fortalezas.
—2 Corintios 10:3-4

La Biblia enseña que estamos en una guerra real con un enemigo real (2 Cor. 10:3-4; Ef. 6:10-20).

Dios nos ha encomendado una misión, así que no podemos permitirnos «[enredarnos] en cuestiones civiles» (2 Tim. 2:4). Imagina una hermosa casa con una cerca blanca y a tu familia feliz descansando cómodamente adentro. Ahora, imagina una guerra sin cuartel que se desata a solo unas pocas calles. Tus amigos y tus vecinos están luchando por sus vidas, mientras tú remodelas la cocina y cuelgas tu nuevo televisor de pantalla gigante. Contrataste gente que instale mejores ventanas, para poder aislar todo el ruido de afuera.

Es una imagen patética, pero provee una comparación adecuada para las vidas que se les ofrecen a muchas parejas cristianas. Ignoran la misión de Jesús, con la esperanza de disfrutar de esta vida. Pero no te dejes engañar. La vida real está en la batalla. Ahora mismo, tenemos muchos hermanos y hermanas que están siendo torturados en el extranjero debido a su fe. Oremos por ellos y que su ejemplo nos anime a entrar a la batalla.

Estar juntos en la guerra puede ser lo que evite que peleemos el uno contra el otro. En vez de descuidar la batalla para enfocarte en tu matrimonio, lo mejor que puedes hacer por tu matrimonio es entrar juntos en el campo de batalla.

Para conversar

Como pareja, ¿participan de la misión global de Dios? ¿Cómo puede tu matrimonio participar de manera práctica en la lucha espiritual por las almas de la humanidad, en vez de aislar lo que sucede en el mundo, mientras intentas construir una fachada celestial aquí?

16

CINCO COSAS QUE LA SUMISIÓN NO SIGNIFICA

JOHN PIPER

Así mismo, esposas, sométanse a sus esposos, de modo que, si algunos de ellos no creen en la palabra, puedan ser ganados más por el comportamiento de ustedes que por sus palabras.
—1 Pedro 3:1

1. La sumisión no significa que siempre tengas que aceptar la perspectiva de tu esposo

El texto abarca a los matrimonios en los cuales la esposa es cristiana y el esposo no. Así que, si esa esposa no puede someterse con humildad a su esposo que no acepta su visión de Jesús, el texto no tiene sentido. Y si una esposa puede disentir en este tema supremo y aun así ser sumisa, en un matrimonio cristiano, la esposa puede disentir humildemente con su esposo en cuestiones menores.

Mi esposa te diría: «Desde el comienzo, establecimos el principio de que, si no nos ponemos de acuerdo, Johnny toma la decisión». Eso es algo básico. Y casi nunca llegamos a ese punto. Una razón es que suelo terminar confesando: «Tenías razón; yo estaba equivocado». El liderazgo del esposo no implica que no escuche o que siempre deba tener la última palabra. Dios hizo a la esposa con mente propia. Es una persona, no un cuerpo ni una máquina.

2. La sumisión no significa que nunca intentes influenciar a tu esposo

Justamente, este texto habla de que los esposos puedan «ser ganados». La *vida* de la esposa está dedicada a ayudar a su esposo a pasar de ser un incrédulo a un creyente. Una vez más, esto también abarca a la esposa que ayuda a su marido a crecer espiritualmente dentro de un matrimonio cristiano. Si él lo necesita, entonces ella quiere ganarlo, ayudarlo a ver que precisa cambiar. No habría amor en ella si no lo hiciera. Así que intenta ayudarlo. A algunos, esto puede parecerles una insubordinación. Bíblicamente, no lo es.

3. La sumisión no significa que pongas la voluntad de tu esposo antes que la voluntad de Cristo

Cristo es el Señor de la esposa creyente, así que *por el Señor*, ella se somete al hombre que *es* su esposo pero que *no* es su Señor. Siempre que tenga que escoger entre los dos, escoge a Jesús. Si su esposo le dice: «participemos de esta estafa» o «tengamos relaciones sexuales grupales», la decisión de ella está clara. En esto, está del lado de Jesús. Su negativa no sería con una actitud envanecida o arrogante, sino más bien con una actitud salerosa, sumisa y anhelante. El esposo podrá discernir en ella un anhelo de que no haga lo que él propone *para que* ella pueda disfrutar de su liderazgo. ¿Puedes sentirlo? «No seguiré tu guía en esto, pero lo haré con una conducta que te demuestre que *deseo* seguir tu liderazgo pero que en este momento, y de esta manera, no puedo hacerlo».

4. La sumisión no significa que toda tu fortaleza espiritual proviene de tu esposo

En el texto, la esposa tiene una gran fuerza espiritual, pero nada de esto viene de parte de su esposo incrédulo. Su esperanza está en *Dios*. Probablemente, ella asiste a la iglesia el domingo por la mañana, antes de que el esposo se despierte, y obtiene su fortaleza de otra parte, obtiene su cosmovisión de otra parte. Si su esposo *sí* es cristiano, y por lo tanto, un canal especial de la gracia de Dios para ella, la esposa obtendrá parte

de su fortaleza espiritual de él. Pero, como su esposo
no es su Señor, gran parte de su fortaleza espiritual
seguirá proviniendo de otra parte: del Espíritu de
Dios, la Palabra de Dios y el pueblo de Dios.

5. La sumisión no significa que debas vivir ni actuar con temor

Esta esposa temerosa de Dios es valiente, incluso
frente a cuestiones que son objetivamente aterradoras.
¿Cuánto más valiente puede ser si su esposo también
es creyente?

Por lo tanto, a la luz de todo lo que dije que no
es la sumisión, definiría la sumisión en el matrimonio de la siguiente manera: La sumisión es el llamado
definido de una mujer a honrar y afirmar el liderazgo
de su marido, y ayudarlo a llevarlo a cabo según los
dones que ella tiene.

Para conversar

¿Qué conceptos errados has tenido (o has escuchado de
otros) sobre la «sumisión» en el matrimonio? ¿Hay algún
patrón o práctica en tu matrimonio en este momento
que deba cambiar a la luz de lo que es y lo que no es la
verdadera sumisión?

17

NUEVE PASOS QUE PUEDEN SALVAR TU MATRIMONIO

JOHN PIPER

Sean mutuamente tolerantes. Si alguno tiene una queja contra otro, perdónense...
—Colosenses 3:13, RVC

La gracia de Dios es paciente y obra tanto de manera instantánea como con el tiempo. En el matrimonio, un error que solemos cometer es pensar de forma demasiado idealista, de manera que, si arruinamos nuestra primera disculpa, no hay oportunidad para una segunda.

Una manera de considerar bíblicamente estos nueve pasos para salvar el matrimonio, es considerarlos un esfuerzo por poner en práctica Colosenses 3:13 en la vida real: «Sean mutuamente tolerantes. Si alguno tiene una queja contra otro, perdónense» (RVC). Hablamos tanto de tolerancia como de perdón. ¿Cómo se entrelazan estas dos cosas en el matrimonio? Se me ocurre una manera. Describiré nueve pasos hacia la reconciliación con tu esposa (o con tu esposo, tu amigo o colega). Es algo necesario cuando somos demasiado pecaminosos como para pedir perdón sinceramente la primera vez. Esta es mi propia experiencia más a menudo de lo que me gustaría admitir y, en otro sentido, no lo suficientemente a menudo. (Esposas y esposos, escuchen estos pasos poniéndose en ambos roles).

PASO 1. Tu esposa señala algo que dijiste o hiciste que está mal o que no le gusta.

PASO 2. Te enojas (por diversas razones que, en ese momento, te parecen aceptables).

PASO 3. Tienes la gracia de saber en tu mente que este enojo no agrada a Dios y que hace falta pedir perdón de corazón, tanto por lo que ella señaló como por el enojo.

PASO 4. Puedes pronunciar las palabras para pedir disculpas pero no logras sentir arrepentimiento, porque el enojo ha endurecido tu corazón hacia tu esposa. No sientes ternura, no te sientes quebrantado, no te sientes arrepentido. Pero sabes que deberías sentirlo, así que dices: «Lo lamento». Esto es mejor que el silencio. Es una gracia parcial.

PASO 5. Ella siente que sigues enojado y, como es de esperar, no le alcanzan palabras que no conllevan una contrición sincera.

PASO 6. Pasa el tiempo. ¿Tal vez una hora o incluso 24? ¿Dos días? El Espíritu Santo, siempre paciente e inexorablemente santo, no te soltará. Él obra en contra del enojo (Sant. 1:19-20). Suscita verdades del evangelio (Ef. 4:32). Ablanda el corazón (Ezeq. 36:26). Esto puede ocurrir mediante la lectura de la Biblia, la palabra de un amigo, mientras lees un libro o asistes a una reunión de adoración. Mientras tanto, ella aguarda, se pregunta, ora y espera con ansias.

PASO 7. El enojo decrece. Surge la dulzura. Se despierta la ternura. Aumenta el dolor por el pecado.

PASO 8. Llevas a tu esposa a un lado y le dices que la primera disculpa fue lo mejor que te salió en el momento, debido a tu pecado. Admites que fue insuficiente. Con ternura, le expresas tus sentimientos y te disculpas con el corazón, y le pides que te perdone.

PASO 9. Con misericordia, ella te perdona y todo mejora.

Lo que quiero que hagas con esto es que hables al respecto con tu cónyuge y vean si se ajusta a su experiencia. Una de las ventajas de incorporar este patrón a tus expectativas es que pueden darse un respiro el uno al otro (llamado misericordia), para que el paso 6 no le resulte desconsolador a ninguno de los dos.

Para conversar

¿Se ajusta esto a su experiencia? ¿Cómo pueden construir un patrón de perdón y reconciliación en su matrimonio?

18

SIETE PREGUNTAS PARA HACER ANTES DE MIRAR ALGO QUE CONTENGA DESNUDEZ

JOHN PIPER

Dichosos los de corazón limpio, porque ellos verán a Dios.
—Mateo 5:8

1. ¿Cuando me sacaré un ojo, si no ahora?

Jesús dijo que todo aquel que mira a una mujer con intención lujuriosa ya cometió adulterio con ella en su corazón. Si tu ojo derecho te hace pecar, sácatelo y tíralo (Mat. 5:28-29). Ver mujeres desnudas en la pantalla (u hombres desnudos) hace que un hombre o una mujer pequen con su mente y sus deseos, y a menudo, con el cuerpo. Si Jesús nos instruyó que protegiéramos el corazón arrancándonos los ojos para evitar la lujuria, ¿cuánto más nos diría: «¡No mires eso!»?

2. ¿Anhelo ver a Dios?

Quiero ver y conocer a Dios de la manera más profunda posible en esta vida y en la venidera. Mirar desnudez es un inmenso obstáculo en esa búsqueda. «Dichosos los de corazón limpio, porque ellos verán a Dios» (Mat. 5:8). Al mirar cosas con desnudez, la mente y el corazón se ensucian de tal manera que el corazón pierde la capacidad de ver y de disfrutar a Dios. Desafío a cualquiera a que mire algo con desnudez y se vuelva inmediatamente a Dios y le dé gracias y disfrute de Su presencia por lo que acaba de experimentar.

3. ¿Me importa el alma de los desnudos?

Dios llama a la mujer a adornarse con vestimenta respetable, modestia y autocontrol (1 Tim. 2:9). Cuando buscamos, recibimos o aceptamos la desnudez en nuestro entretenimiento, estamos apoyando implícitamente el pecado de las mujeres que se venden de esta manera; y, así, no nos importa su alma. Ellas están desobedeciendo 1 Timoteo 2:9, y si nosotros miramos, estamos afirmando que está bien.

4. ¿Me alegraría que mi hija representara ese papel?

La mayoría de los cristianos son hipócritas cuando miran algo con desnudez porque, por un lado, al mirarlo están afirmando que está bien, y por otro lado, en el fondo saben que no querrían que su hija, su esposa o su novia representara ese papel. Eso es hipocresía.

5. ¿Estoy suponiendo que la desnudez se puede fingir?

La desnudez no es como el asesinato y la violencia en la pantalla. La violencia en pantalla es ficticia; nadie muere realmente. Pero la desnudez no es ficticia. Estas actrices están realmente desnudas frente a la cámara, haciendo exactamente lo que el director les dice que hagan con las piernas, las manos y los pechos. Y ahora, están desnudas frente a millones de personas.

6. ¿Estoy suponiendo que la desnudez es necesaria para el buen arte?

No hay ninguna gran película ni serie de televisión que necesite desnudez para aumentar su grandeza. No. No la hay. Hay maneras creativas de ser fiel a la realidad sin transformar el sexo en un espectáculo y colocar a los actores en situaciones moralmente comprometedoras en el plató.

La desnudez en la pantalla no está motivada por la integridad artística. Debajo de todo esto, hay un apetito sexual masculino que domina el ámbito, y también hay presión de los pares en la industria y el deseo de alcanzar índices que vendan. No es el arte lo que coloca la desnudez en las películas; es el atractivo de la lascivia. Eso vende.

7. ¿Estoy libre de dudas?

Hay una pauta bíblica que simplifica mucho la vida: «Pero el que tiene dudas en cuanto a lo que come se condena; porque no lo hace por convicción. Y todo lo que no se hace por convicción es pecado» (Rom. 14:23). Mi paráfrasis: Si estás en duda, no lo hagas. Eso alteraría los hábitos televisivos de muchas personas, ¡y con qué tranquilidad descansaría su conciencia!

Así que únete a mí, únete en la búsqueda de la clase de pureza que ve a Dios y conoce la plenitud de gozo de Su presencia, y el placer eterno a Su derecha (Sal. 16:11).

Para conversar

Hablen de sus hábitos televisivos y de lo que significará abrazar juntos la promesa de Jesús: «Dichosos los de corazón limpio». ¿Hay algún programa o película que hayas visto hace poco, y que haya puesto en peligro la pureza de tu corazón? Si así es, ¿qué puedes aprender de esto para tomar mejores decisiones en el futuro?

19

NO SE NIEGUEN EL UNO AL OTRO

JOHN PIPER

No se nieguen el uno al otro, a no ser de común acuerdo, y solo por un tiempo, para dedicarse a la oración. No tarden en volver a unirse nuevamente; de lo contrario, pueden caer en tentación de Satanás, por falta de dominio propio.

—1 Corintios 7:5

Dios creó las relaciones sexuales para que sean profundamente mutuas en el matrimonio; cada uno da, cada uno recibe, cada uno siente el acto como la consumación de una unión espiritual y personal más amplia y más profunda de la cual el sexo es tan solo uno de sus momentos cumbres... pero uno importante. Cada uno de los cónyuges expresa: «A ti, y solo a ti, me entrego de esta manera. De ti, y solo de ti, recibo de esta manera».

Sin embargo, las parejas no suelen tener el mismo nivel de interés y pasión respecto a las relaciones sexuales. Y esto puede relacionarse con la frecuencia, el lugar, el momento, los métodos, la privacidad y las clases de caricias. Ningún matrimonio muestra el mismo grado de comodidad con todas estas variables. Por lo tanto, ¿cómo vivimos juntos sexualmente cuando los deseos en todas (o algunas) de estas áreas son significativamente diferentes?

El pasaje clave de la Escritura donde Pablo aborda esto directamente es 1 Corintios 7:3-5. Lo más evidente en este pasaje es que Pablo recomienda relaciones sexuales relativamente frecuentes: «No se nieguen el uno al otro, a no ser de común acuerdo, *y solo por un tiempo* [...]. No tarden en volver a unirse nuevamente; de lo contrario, pueden caer en tentación de Satanás».

Algo menos evidente: ¿los deseos de quién deberían gobernar *la manera* en que sucede este acto sexual?

Pablo insta a la esposa a acceder a los deseos de su esposo. Y también anima al esposo a acceder a los deseos de su esposa. «La mujer ya no tiene derecho sobre su propio cuerpo, sino su esposo. Tampoco el hombre tiene derecho sobre su propio cuerpo, sino su esposa» (1 Cor. 7:4). Así que *ella* puede decidir... y *él* puede decidir también.

Pero ¿y si lo que deciden ambos no es lo mismo?

No creo que Pablo se haya equivocado aquí ni que haya una contradicción. No era esa clase de persona, y tenía la guía del Espíritu Santo. Creo que sabía exactamente lo que estaba haciendo. Sabía que estaba tratando con uno de los momentos más profundos, complejos y emotivos de la vida humana. Ninguna fórmula sencilla sirve en la realidad para definir quién puede hacer qué, ni el dónde ni el cómo.

La realidad es que, en un matrimonio cristiano, donde la pareja crece constantemente en gracia, los cónyuges resolverán este tema según las pautas de Romanos 12:10: «Deléitense al honrarse mutuamente» (NTV), o supérense el uno al otro en mostrar gracia, misericordia, amor, bondad o amabilidad. Esta es la clase más maravillosa de competencia.

Ella querrá honrar a su esposo al darle lo que él desea. Y él deseará honrar a su esposa al darle lo que ella desea, que puede ser inferior a su deseo. Además, orarán, hablarán, lucharán y crecerán en el camino.

Para conversar

Tómate unos minutos ahora (y programa más tiempo para más adelante, de ser necesario) para hablar sobre sus deseos sexuales relacionados con la frecuencia, la ubicación, el momento, los métodos, la privacidad, las maneras de tocarse y cualquier otro aspecto relevante. Descubran al menos una manera, sino varias, en las que pueden crecer al intentar superarse mutuamente en la demostración de honor. (¡Las parejas que están comprometidas para casarse pueden obviar esta charla por ahora!).

LA CLAVE PARA EL CAMBIO PERSONAL

JOHN PIPER

«*Por eso dejará el hombre a su padre y a su madre, y se unirá a su esposa, y los dos llegarán a ser un solo cuerpo*». *Esto es un misterio profundo; yo me refiero a Cristo y a la iglesia.*
—Efesios 5:31-32

Creo que la manera principal en que funciona la Biblia (y la manera principal en que funciona la predicación cuando es fiel a la Biblia) es no concentrándonos en la aplicación. La aplicación es algo bueno, correcto y necesario, y los ejemplos y las ilustraciones fundamentales pueden ser útiles. Sin embargo, creo que la principal manera en que funciona la Biblia es mostrando glorias.

Y esta es una gloria profunda: el matrimonio, en su significado más profundo, es una copia de Cristo y la Iglesia. Si quieres entender el significado de Dios para el matrimonio, si quieres ver el matrimonio en su mayor gloria posible, debes entender que estamos tratando con una copia.

El matrimonio no es un fin en sí mismo. Por eso no existe en la resurrección (Mat. 22:30). Es una copia. Las copias ya no se necesitan cuando la realidad está a plena vista. Aquí, sí las necesitamos. El mundo necesita desesperadamente esta clase de matrimonio. Pero, al final, ya no será necesario.

Esto se debe a que el matrimonio es tan solo una copia de un original mayor, una metáfora de una realidad más grande, una parábola de una verdad superior. Y ese original, esa realidad, esa verdad es el matrimonio de Dios con Su pueblo: el matrimonio de Cristo con Su Iglesia.

Fuimos diseñados y creados para conocer aquello que todavía no conocemos. ¿Por qué no conocemos? Porque nuestro corazón y nuestra mente suelen estar demasiado consumidos con las cosas insignificantes de este mundo. Pero, mediante el Espíritu Santo, en un momento de iluminación, todo eso puede ser quitado, y algo absolutamente glorioso entra al corazón humano y cambia todo, en virtud de su magnitud.

Antes de que llegue cualquier aplicación, primero cambias tú. De repente, el corazón de un esposo se remonta con un nuevo sentido de su razón de estar en el planeta, y entiende quién es esta mujer, con su magistral dignidad como su esposa. Todo cambia cuando algo aterriza sobre ti de esa manera, con fuerza bíblica.

Puedo mostrar un poco de aprensión cuando la respuesta de un esposo al escuchar sobre las glorias del matrimonio es: «Sí, bueno, pero dame un ejemplo». Está bien. Te daré un ejemplo. ¿Pero te explota el corazón con esta verdad? ¿Te estás remontando? Desde esas alturas, tu esposa se ve distinta, los hijos se ven distintos, el trabajo se ve distinto, el planeta se ve distinto, la vida se ve distinta, la muerte se ve distinta, el mal se ve distinto.

Una vez más, el matrimonio, en su significado más profundo, en su gloria más profunda, es una copia de Cristo y Su Iglesia. Maravíllate ante eso. Que la admiración reverencial te abrume. El asombro es lo que cambia a las personas, no los ejemplos. Los ejemplos y las ilustraciones y las listas de acción pueden ayudar en algo, pero ver gloria es lo que cambia todo.

Para conversar

Oren juntos ahora, por turnos, deleitándose en la maravilla de la gracia de Dios para con nosotros en Su Hijo, y ante el milagro de que haya tomado a la Iglesia por esposa. Alaben juntos a Dios por poder demostrar esa gloria en la vida cotidiana del matrimonio.

QUE TU PRESUPUESTO INCLUYA BENDECIR A TU CÓNYUGE

MARSHALL SEGAL

Porque el amor al dinero es la raíz de toda clase de males. Por codiciarlo, algunos se han desviado de la fe y se han causado muchísimos sinsabores.
—1 Timoteo 6:10

Dadas las advertencias de la Biblia sobre las riquezas, los cristianos suelen vigilar con recelo sus ingresos, sus inversiones y sus donaciones… y, en general, esto es algo bueno.

Sin embargo, hay una especie de asignación de presupuesto que, aunque se coloca la heroica capa del cristianismo, en realidad oculta un capricho secreto con el dinero. El deseo de obtener más y más dinero para comprar más y más cosas es malo, y por más irónico y trágico que parezca, roba y extermina la vida y la felicidad que promete. Un amor al dinero *puede* parecerse a un amor por tener o a un amor por gastar. Un amor al dinero también puede revelarse en una obsesión con el ahorro, *incluso* con las ofrendas. Cristiano, ¿te has enamorado del dinero que rehúsas gastar?

Una de las maneras en que esta frugalidad puede carcomernos es al evitar que bendigamos a los que tenemos más cerca: amigos, vecinos e incluso nuestra propia familia. Hay una cierta frugalidad que puede erosionar relaciones importantes con el tiempo. Las mismas precauciones que nos protegen de gastar en comodidades egoístas y temporales para nosotros mismos, a menudo pueden impedir actos buenos y tangibles de amor hacia los demás en nuestras vidas.

La lógica razonable puede decir que no compraríamos tal cosa para nosotros, entonces no deberíamos comprarla para otros. O tal vez lo consideremos según la necesidad. En realidad, la otra persona no *necesita* determinada cosa, así que no se la voy a dar. Esperaré hasta que necesite en verdad algo para vivir. En el peor de los casos, estamos tan concentrados en nuestras propias necesidades y planes que pasamos completamente por alto la oportunidad.

Mientras la sabiduría prioriza la necesidad y permanece dentro de sus límites, la generosidad gasta con alegría en los demás, incluso cuando no lo gastaría para sí. Dios nos ha dado la responsabilidad de ser ejemplo de Su amor sacrificado, generoso y aun derrochador por las personas en nuestras vidas; en especial, nuestras familias. Tal como en Su provisión para nosotros, esto a menudo implicará comprar algo especial, inesperado e incluso innecesario para expresar amor y compromiso con los demás.

Para conversar

Dediquen unos momentos a hablar de las finanzas, desde la perspectiva bíblica de que el dinero está para ayudar a los demás a esperar en Dios. ¿Cuál es su tendencia como pareja? ¿Sus bolsillos están tan cerrados, al punto de poner en peligro su amor por los demás?

22

LA RESPONSABILIDAD DE UNA ESPOSA A LA HORA DE RESOLVER UN CONFLICTO MATRIMONIAL

JOHN PIPER

Así mismo, esposas, sométanse a sus esposos, de modo que, si algunos de ellos no creen en la palabra, puedan ser ganados más por el comportamiento de ustedes que por sus palabras.

—1 Pedro 3:1

¿Cuál es la responsabilidad de una esposa a la hora de resolver un conflicto matrimonial? Es una pregunta interesante, si consideramos que el matrimonio es un modelo de Cristo y la Iglesia: el esposo representa a Cristo y la esposa representa a la Iglesia. No queremos extender demasiado la analogía, pero está clara en la Escritura, así que deberíamos explorarla e intentar aprender de ella.

Cristo es soberano y toma la iniciativa. Una iniciativa clave es que inspira en el corazón de Su iglesia el deseo de hacer diversas cosas; en especial, orar. Entonces, soy parte de la esposa. Veo un problema en la relación entre Cristo y yo. ¿Qué debería hacer? ¿Culparlo? Tendría que acudir a Él, hablar con Él, pedirle ayuda.

Ahora bien, la esposa está directamente bajo el gobierno del Señor Jesús, no solo a través de su esposo. Así que es probable que vea cosas que su esposo no ve, y tiene una sensibilidad única respecto a lo que causa problemas en el matrimonio. Así que, en primera instancia, debería decirle a Dios: «Señor, sana este matrimonio. Por favor, obra en este matrimonio». Y después, debería pedir: «Por favor, dame la sabiduría para lograr que mi esposo vea lo que yo veo». Es posible ser una esposa sumisa y, al mismo tiempo, estar mucho más adelante que tu esposo en lo espiritual, o ser mucho más perceptiva en determinada situación.

De lado del esposo, el liderazgo en el matrimonio sin duda no implica perfección ni infalibilidad, o que sepa qué es mejor siempre. Pero, en general, él toma la iniciativa. Entre otras cosas, esto significa que se ocupará de que la experiencia de Cristo de su esposa sea plena, incluida su responsabilidad de señalarle cosas sobre su humanidad (no la semejanza entre Cristo y él) que él no ve.

Así que, es cierto, necesitamos que nuestras esposas nos marquen cuestiones que no percibimos. Sin embargo, en esa instancia, no conviene que ella se haga cargo. Puede decir: «Yo lo veo de esta manera. Creo que tenemos que hacer esto o aquello». Después, la tarea de él como líder (y esta es la *tarea más difícil* como líder) es humillarse para actuar de ese modo, en lugar de decir: «Bueno, si no te gusta cómo lo hago yo, hazlo tú misma». Lo más difícil del mundo puede ser escuchar que tu esposa te diga algo que no te gusta, y luego superar la autoconmiseración, el enojo y la frustración del momento.

Así que, en mi opinión, el rol de una esposa es ver todo lo que Dios le permite ver y después pedirle maneras sabias, humildes y sumisas de comunicarle su perspectiva al esposo. Y la tarea del esposo como líder es ser receptivo y humilde frente a estas cosas, para poder ponerse en acción.

Para conversar

¿La lectura de hoy te trae a la mente alguna situación reciente en tu matrimonio? ¿Pudieron observar, hablar, escuchar o actuar con gracia sobre un punto de tensión entre los dos? ¿Cómo desean manejar los posibles conflictos en el futuro, para amar y honrar al otro?

23

LOS HOMBRES FUNCIONAN A RESPETO, LAS MUJERES FUNCIONAN A AMOR

DOUGLAS WILSON

Esposos, amen a sus esposas, así como Cristo amó a la iglesia y se entregó por ella [...] y que la esposa respete a su esposo.

—Efesios 5:25,33

Los mandamientos para los esposos y las esposas en Efesios 5 revelan algo respecto a las necesidades del receptor. En otras palabras, si la Biblia dijo que los pastores deben alimentar a las ovejas, una inferencia razonable sería que las ovejas necesitan comida. Cuando a los esposos se les dice que amen a sus esposas, podemos inferir que las esposas necesitan sentirse amadas. Cuando a las esposas se les dice que respeten a sus esposos, podemos inferir que los esposos necesitan sentirse respetados. Imagina dos clases de autos que funcionan con distintos tipos de combustible; diésel y gasolina, por ejemplo. Los hombres funcionan a respeto, las mujeres funcionan a amor.

Recuerda que estamos hablando de *énfasis*. Por supuesto, todos necesitan amor y todos necesitan respeto. Pero, cuando la Escritura señala a los esposos y las esposas en su vida juntos, a los hombres se les dice que amen y a las mujeres, que respeten. Si lo damos vuelta, veremos que los hombres deben recordar que sus esposas necesitan ser amadas, y las esposas deben recordar que sus esposos necesitan ser respetados.

Recordar esto evita que demos lo que nos gustaría recibir. Conocía a un esposo que, una vez, le regaló a su esposa una hermosa escopeta para Navidad. Como era una astuta mujer cristiana, la Navidad siguiente, ella le regaló un bello collar de perlas. Y le dijo a mi esposa: «Eran unas perlas *de las buenas*».

A menudo, cuando un matrimonio está pasando por un momento difícil, ambos cónyuges tienden a dar lo que perciben que necesitan: amor y respeto, respectivamente. La esposa se acerca a su esposo con amor, cuando en realidad, lo que más ayudaría sería el respeto. El esposo tal vez retroceda, pensando que así está respetando a su esposa, «dándole espacio», cuando en realidad, lo mejor que puede hacer es arrimarse con amor.

Ahora bien, y aquí es donde todo se vuelve glorioso, tanto el amor y como el respeto son *potentes*. La Biblia enseña que esta clase de amor es eficaz. Esta clase de respeto es poderosa. Esta clase de amor concede cierto atractivo. Esta clase de respeto concede respetabilidad.

Los esposos no pueden replicar el amor de Cristo, el cual, con eficacia, hizo que Su esposa fuera atractiva. Sin embargo, cuando todavía éramos pecadores, Cristo murió por nosotros (Rom. 5:8). Pero, aunque no podemos replicar esta clase de amor, a los esposos sí se les pide que lo imiten. Y, al imitarlo, vemos algunos de los efectos comparables. Una mujer que se siente amada por su esposo se vuelve más atractiva. Él la lava con el agua de la Palabra de Dios (Ef. 5:26). Todo el pasaje infiere que esta clase de amor concede un atractivo. Y la misma clase de potencia puede encontrarse en el respeto de una mujer piadosa. Pedro nos dice que la conducta reverente y casta puede quebrantar el espíritu desobediente del hombre (1 Ped. 3:1-2).

Entonces, los hombres y las mujeres deben amarse y respetarse mutuamente. Tienen que hacerlo de todo corazón. Pero, al concentrarse en su matrimonio, los hombres deben inclinarse al amor. Las mujeres deben inclinarse al respeto. Los resultados pueden ser asombrosos.

Para conversar

Piensa en alguna instancia de tu relación, quizás incluso en algún momento de la semana, donde hayas intentado darle a tu cónyuge lo que querías recibir, en lugar de lo que él necesitaba. Hablen sobre los detalles y planeen formas de mejorar en esto. Específicamente, ¿cómo puede un esposo ayudar a que su esposa sea más digna de amor al amarla? ¿Cómo puede una esposa ayudar a que su esposo sea más digno de respeto al respetarlo?

24

¿TAN SOLO PERDONAR
Y CONTENERSE?

JOHN PIPER

... si alguien es sorprendido en pecado, ustedes que son espirituales deben restaurarlo con una actitud humilde...
—Gálatas 6:1

El matrimonio no debería ser (y, con la gracia de Dios, no tiene por qué serlo) un espacio de tiempo estático habitado por personalidades inmutables en conflicto constante. Incluso eso es mejor que el divorcio a los ojos de Dios, y tiene una gloria propia. Sin embargo, no es la mejor representación de Cristo y de la Iglesia.

Así que Dios da gracia no solo para perdonar y para contenerse, sino también para ser transformado, de manera que sea menos necesario perdonar y contenerse. La gracia no es simplemente la capacidad de devolver bien por mal, sino también la capacidad de hacer menos mal. Incluso la capacidad de ser menos fastidioso. Y, a veces, para ser transformados, necesitamos ser confrontados.

En la relación de Cristo con la Iglesia, está claro que Él busca transformar a Su esposa en algo moral y espiritualmente hermoso (Ef. 5:26-27). Esto implica que el esposo, quien debe amar como Cristo, tiene la responsabilidad única del crecimiento moral y espiritual de su esposa, lo cual a veces requerirá confrontación. Sin embargo, si el esposo es amoroso y sabio, a una esposa humilde esto le resultará un servicio y no una humillación. Cristo *murió* para purificar a Su esposa. Es más, le sigue hablando en Su Palabra con la visión de aplicarle Su sacrificio para transformarla. Por eso, el esposo sabio y amoroso busca hablar de manera que lleve a su esposa más y más a la conformidad a Cristo.

De manera similar, las esposas no solo se someten, sino que también son hermanas amorosas. Hay una manera única en que una esposa sumisa puede ser una hermana amorosa (y, a veces, contenciosa) con su hermano-esposo imperfecto, a medida que busca transformarlo. De vez en cuando, ella pondrá en práctica Gálatas 6:1: «Si alguien es sorprendido en pecado, ustedes que son espirituales deben restaurarlo con una actitud humilde».

Tanto esposo como esposa también deben obedecer Mateo 18:15 según sea necesario, con la conducta y en el contexto únicos que requieren el liderazgo y la sumisión: «Si tu hermano peca contra ti, ve a solas con él y hazle ver su falta».

El perdón y el dominio propio son el fundamento sólido sobre el cual se puede escuchar con esperanza y seguridad el llamado a cambiar, en lugar de escucharlo con temor y con una sensación de amenaza. Solo cuando un cónyuge siente que el otro está absolutamente comprometido con él (aun si no cambia), el llamado al cambio puede percibirse como gracia, en lugar de un ultimátum.

Así que, de estas y otras observaciones que podrían hacerse del Nuevo Testamento, espero que quede claro que el matrimonio no se trata tan solo de perdonar y contenerse. También se trata de *confrontar,* con amor y sabiduría, según el llamado del liderazgo y la sumisión.

Para conversar

¿Cuándo fue la última vez que uno confrontó al otro en amor? Decídanlo ahora mismo: cada uno de ustedes quiere que lo confronten con gracia pero claridad cuando se encuentran en un camino destructivo, ¿no? ¿Y quién mejor para hacerlo que tu cónyuge? Invítense mutuamente a hablar verdad a la vida del otro. Después, en el futuro, recuérdense esa invitación cuando alguno se ponga a la defensiva.

25

CÓMO AMAR A LAS PERSONAS DIFÍCILES

STACY REAOCH

... de modo que se toleren unos a otros y se perdonen si alguno tiene queja contra otro. Así como el Señor los perdonó, perdonen también ustedes.
—Colosenses 3:13

Por la gracia de Dios, podemos seguir amando a las personas difíciles que Dios ha puesto en nuestras vidas. Lo más fácil es sacar a la persona problemática de tu vida cuando es posible, o al menos evitarla. Pero mi sugerencia es que seamos más como nuestro Salvador paciente y amoroso al soportarnos unos a otros y buscar mostrar misericordia y bondad, sin importar cómo nos traten.

Aquí tienes seis maneras prácticas, entre muchas otras, de mostrar amor a una persona difícil que Dios ha puesto en tu camino. Esto puede aplicarse a tu matrimonio ahora mismo; de lo contrario, se aplicará en breve. Y, sin duda, se aplicará a lo largo de tu vida en lo que se refiere a personas fuera de tu matrimonio, y encontrar una mayor paz en tu relación con personas fuera del matrimonio tendrá beneficios *dentro* del matrimonio.

1. Ora por tu propio corazón

Pídele a Dios que ablande tu corazón hacia esta persona, que aplace el enojo y la irritabilidad, que te ayude a revestirte de mansedumbre y bondad, y a comprender las luchas de esta persona y responder con compasión (Col. 3:12-14).

2. Ora por ella

Pídele a Dios que obre en el corazón de esta persona, atrayendo a los incrédulos a Él y santificando a los creyentes para que sean cada vez más parecidos a Jesús (Fil. 1:9-11).

3. Acércate a la persona, en lugar de alejarte

Aunque nuestra tendencia es querer mantenernos alejados de las personas con las cuales tenemos relaciones tensas, estas son exactamente las personas a las cuales necesitamos acercarnos de manera intencional. Busca maneras de generar una conversación, encontrarse a tomar un café, o envíale un mensaje de texto.

4. Encuentra maneras específicas de bendecirla y animarla

Escríbele una nota de aprecio. Cómprale algún libro que te haya dado ánimo. Dile que estás orando por ella.

5. Muéstrale gracia, tal como Dios te muestra gracia a ti

Recuerda la gracia abundante que Dios derramó por tus propios pecados de cada día. Pídele a Dios que te ayude a soportar a esta persona y a perdonarla como Él te ha perdonado (Col. 3:13).

6. Entiende que tú también podrías ser la persona difícil en la vida de otro

Quizás ni siquiera te des cuenta de que eres una espina en la carne para alguien cercano a ti. No ignores tus propias deficiencias y pecados.

Así que, cuando ese niño te tenga al borde de las lágrimas, cuando acabes de recibir un correo electrónico duro y crítico o cuando te enfrentes a ese miembro de tu familia extendida que te vuelve loco, pídele a Dios que te dé gracia para no huir, sino para seguir relacionándote con esa persona difícil de amar, mediante el amor sacrificado de Cristo.

Dios recibirá honra y nuestro corazón encontrará una satisfacción más profunda cuando busquemos amar a las personas como Cristo nos amó cuando éramos Sus enemigos.

Para conversar

Hablen sobre una o dos personas en sus vidas que en este momento les resulte más difícil amar. (Puede ser tu cónyuge; eso no es nada anormal). Sean sinceros, y den razones específicas que les vengan a la mente. Sea cual sea su «persona difícil», hablen sobre cómo pueden ayudarse mutuamente a apoyarse en la fuerza de Dios para superar su debilidad natural.

26

SIEMPRE ESTÁS EN UN TEMPLO

JOHN PIPER

> *Por lo tanto, hermanos, tomando en cuenta la misericordia de Dios, les ruego que cada uno de ustedes, en adoración espiritual, ofrezca su cuerpo como sacrificio vivo, santo y agradable a Dios.*
> —Romanos 12:1

Adoración es el término que usamos para referirnos a todos los actos del corazón, la mente y el cuerpo que intencionalmente expresan el valor infinito de Dios. Para esto fuimos creados, como afirma Dios en Isaías 43:7: «todo el que sea llamado por mi nombre, al que yo *he creado para mi gloria*». Fuimos creados para adorar.Pero no te imagines *reuniones* de adoración cuando pienses en adorar. Esta es una gran limitación que no aparece en la Biblia. Toda la vida tiene que ser adoración, como vemos en Romanos 12:1. Toda la vida se vive en el cuerpo. Y el cuerpo debe presentarse a Dios como servicio de «adoración espiritual». Esto es absolutamente arrollador. Considera algunas repercusiones.

Tomemos el desayuno, por ejemplo, o tu lugar favorito para comer pizza, o tu bocadillo de media mañana. En 1 Corintios 10:31, leemos: «ya sea que coman o beban o hagan cualquier otra cosa, háganlo todo para la gloria de Dios». Ahora bien, comer y beber es lo más esencial que podemos hacer. ¿Qué podría ser más real y humano? Comemos y bebemos todos los días. Lo hacemos en casa, en el trabajo, en el auto, en cualquier parte donde haya un bebedero. Pablo dice que todo esto tiene que ver con Dios. Debemos comer y beber de manera que expresemos el valor infinito de Dios. Eso sí que es un desafío, ya que la mayor parte de la comida suele expresar el valor de lo que comemos. ¿Cómo podemos comer para adorar mientras comemos?

O tomemos el sexo, por ejemplo.

Pablo afirma que la alternativa a la fornicación es la adoración:

> Huyan de la inmoralidad sexual. Todos los demás pecados que una persona comete quedan fuera de su cuerpo; pero el que comete inmoralidades sexuales peca contra su propio cuerpo. ¿Acaso no saben que su cuerpo es templo del Espíritu Santo, quien está en ustedes y al que

han recibido de parte de Dios? Ustedes no son sus propios dueños; fueron comprados por un precio. Por tanto, honren con su cuerpo a Dios. (1 Cor. 6:18-20).

No forniques con tu cuerpo; adora con tu cuerpo. Incluso dice que el cuerpo es un templo; es decir, un lugar de adoración. El cuerpo es un lugar para encontrarse con Dios, no con prostitutas. Esto no significa que el sexo sea malo. Al contrario, significa que el sexo es algo precioso. Demasiado precioso como para rebajarlo. Dios quiere que lo coloquemos en un lugar sumamente seguro y sagrado: el matrimonio. Allí, se transforma en la expresión del amor entre Cristo y la Iglesia. Demuestra la gloria de la intensidad del amor de Dios por Su pueblo. Se transforma en adoración. «Honren con su cuerpo a Dios».

Por otro lado, *no* tener relaciones sexuales fuera del matrimonio también muestra lo valioso que representa el sexo. Así, la castidad también es adoración. El autocontrol glorifica a Cristo por encima de la sexualidad. Y la sexualidad amorosa en el matrimonio glorifica a Cristo como el gran Amante de Su esposa, la Iglesia (Ef. 5:25-30).

Como último ejemplo, tomemos la muerte. Esto es algo que haremos en nuestro cuerpo. Es más, será nuestro último acto del cuerpo en esta tierra. El cuerpo se despide. ¿Cómo adoraremos en el último acto del cuerpo? Sabemos que es posible, porque Jesús le dijo a Pedro cómo moriría, y Juan declaró: «Esto dijo Jesús para dar a entender *la clase de muerte con que Pedro glorificaría a Dios*» (Juan 21:19). La última obra del cuerpo es despedirse del alma. Y nuestro gran deseo debería ser que el cuerpo se despida de tal manera que exprese el infinito valor de Dios. El último acto debería ser la adoración.

¿Cómo? En Filipenses 1:20-21, Pablo afirma que su esperanza es que Cristo sea exaltado en su cuerpo mediante la muerte. Después, añade: «para mí [...] el morir es ganancia». Si consideramos la muerte una ganancia, expresamos el infinito valor de Cristo al morir.

¿Por qué una ganancia? Porque, como expresa el versículo 23, morir significa «partir y estar con Cristo, que es muchísimo mejor».

Tienes un cuerpo; pero no te pertenece. «Fueron comprados por un precio. Por tanto, honren con su cuerpo a Dios». Siempre estás en un templo. Nunca dejes de adorar.

Para conversar

Hablen sobre la responsabilidad y la oportunidad de que toda la vida sea un medio para adorar. Pregúntense cómo les va con la adoración. Oren juntos para que Dios haga que esto sea una realidad en sus vidas, mientras van por la vida como matrimonio: al comer, tener relaciones sexuales... en toda la vida, incluso en la muerte.

27

NO ERES EL CÓNYUGE PERFECTO

JASMINE HOLMES

... el que comenzó tan buena obra en ustedes la irá perfeccionando hasta el día de Cristo Jesús.
—Filipenses 1:6

Si la carga de ser el cónyuge perfecto descansara por completo sobre nuestros hombros, nuestros mayores temores sobre el matrimonio estarían completamente justificados. No puedo ser el cónyuge perfecto; tampoco tú. ¡Gracias a Dios porque esta carga nunca estuvo sobre nuestros hombros!

Antes de que te casaras, eras parte de la Iglesia, la esposa de Cristo. Antes de la fundación del mundo, nuestro Esposo eterno nos eligió a pesar de que no lo merecíamos (Ef. 1:3-4). En medio de nuestra miseria,

Él murió por nosotros (Rom. 5:8). Nos vistió de Su justicia. Nos adoptó como hijos propios. Nos salvó. Quiso que nuestro matrimonio hiciera eco de aquel amor de pacto eterno que nos mostró Su Hijo. No nos eligió debido a nuestra perfección, sino por Su habilidad de tomar nuestro lugar a la perfección. Tu vida y la de tu cónyuge son de Él. Tu matrimonio es de Él.

Y, a la luz de estas verdades gloriosas, incluso cuando nuestro egoísmo, nuestro ensimismamiento y nuestra pretensión de superioridad moral claman en contra de la sentencia de muerte del viejo hombre (Gál. 2:20), sabemos que la victoria final le pertenece a nuestro Esposo celestial (Fil. 1:6). Nuestra debilidad señala Su fortaleza (2 Cor. 12:9).

Tu matrimonio no es algo supremo, pero por más sencillo que parezca, pinta una imagen de Aquel que sí lo es (Apoc. 19:7-9), y tus más grandes temores en el matrimonio pueden desvanecerse al saber que no solo tu cónyuge te ama, sino también el gran Esposo, quien nunca nos desilusiona.

Para conversar

Hablen juntos sobre sus deseos, grandes o pequeños, de ser el cónyuge perfecto para el otro, y en qué cosas no han dado la talla. ¿Por qué es desalentador en un sentido, y una buena noticia en otro, descubrir que en realidad es imposible ser el cónyuge perfecto?

28

¿ESTÁ BIEN QUE MI CÓNYUGE HABLE CON OTROS SOBRE NUESTROS CONFLICTOS MATRIMONIALES?

JOHN PIPER

> *Así que en todo traten ustedes a los demás tal y como quieren que ellos los traten a ustedes...*
> —Mateo 7:12

¿Está bien que los cónyuges hablen de los problemas de su matrimonio con otros? Después de todo, hay desilusiones más o menos frecuentes en toda vida, y todos los matrimonios enfrentan las dificultades normales para llevarse bien cuando las expectativas son diferentes. No me refiero a circunstancias serias como conductas ilegales o situaciones que amenacen la vida, sino a desilusiones y desafíos comunes. Aquí tienes algunas pautas.

1) Sigue Mateo 18:15, que enseña que si tu hermano peca contra ti, tienes que ir a hablar con él primero. En otras palabras, esto implica un esfuerzo real para evitar el chisme, un esfuerzo real de no decirle a nadie lo que acabas de ver o descubrir sobre alguien. Si esto se aplica a la iglesia en general, ¿cuánto más entre cónyuges? Siempre empieza allí.

2) Lo que enseñó Jesús sobre tratar a los demás como queremos que nos traten tiene una profunda importancia en el matrimonio (Mat. 7:12). Asombrosamente, Pablo toma este mandato y lo aplica al amor del esposo por su esposa: «Así mismo el esposo debe amar a su esposa como a su propio cuerpo» (Ef. 5:28). Es como «ama a tu prójimo como a ti mismo» (Mat. 19:19) aplicado a los esposos como su propio cuerpo. «El que ama a su esposa se ama a sí mismo» (Ef. 5:28).

Entonces, Pablo infiere que no solo deberíamos medir nuestras palabras y acciones según la manera en que queremos que nuestro cónyuge nos trate, sino que, cuando tratamos al otro de esa manera, en realidad es una bendición para nosotros. Al no traicionar la confianza del otro, estamos haciendo algo muy bueno por nosotros mismos.

3) Los esposos y las esposas deberían obedecer los principios bíblicos de la reverencia y la honra. Específicamente, según lo que enseña Efesios 5:33,

las esposas deben pensar con cuidado si lo que dicen a sus esposos o sobre ellos, en público o en privado, es respetuoso y honra al marido: «Cada uno de ustedes ame también a su esposa como a sí mismo, y que la esposa respete [o reverencie] a su esposo».

De manera similar, dado lo que enseña 1 Pedro 3:7, los esposos deben considerar con cuidado si lo que dicen a sus esposas o sobre ellas, en público o en privado, las honra como coherederas de la gracia de la vida: «De igual manera, ustedes esposos, sean comprensivos en su vida conyugal, tratando cada uno a su esposa con respeto, ya que como mujer es más delicada, y ambos son herederos del grato don de la vida. Así nada estorbará las oraciones de ustedes».

4) A veces, tenemos que pedirle permiso a nuestro cónyuge para hablar de los problemas de nuestro matrimonio con una o dos parejas o amigos de confianza que los dos elijamos. Esto ha sido de gran importancia para mi esposa y para mí. Hemos hablado sobre el tema muchísimas veces. A menudo, le he preguntado: «¿Puedo contarle a un amigo cercano lo que hablamos? ¿Puedo hablar de lo que me resulta tan frustrante? ¿Puedo contarle cualquier cosa de nuestra relación que le permita ayudarme a amarte mejor?». Eso no tiene nada que ver con el chisme ni con desahogarse.

5) Aun si tienes permiso de revelar cuestiones familiares específicas, tienes que hacerlo con el mayor de los cuidados. Este tipo de conversaciones pueden degenerarse fácilmente y terminamos tan solo

ventilando frustraciones. Un amigo sabio nos advertirá sobre esto. También deberíamos preguntarnos si estamos dando la cantidad adecuada de detalles. ¿Estamos revelando demasiado? Podría volverse muy indecoroso. ¿Estamos usando el tono adecuado? ¿Estamos utilizando un medio de comunicación que sea lo suficientemente privado?

Y, por supuesto, doy por sentado que este diálogo se hará en un contexto de oración por y con nuestro cónyuge, y de leer la Escritura juntos para buscar ayuda de Dios, ya que solo Él puede mantenernos casados y llevar esta relación a una situación satisfactoria y que lo honre.

A algunas de estas lecciones tuve que aprenderlas a los golpes. Así que quiero animarte a que, si hubo alguna traición de la confianza, hay un camino hacia delante. Puede haber arrepentimiento y perdón. Lo sé por experiencia.

Para conversar

Hablen de sus deseos y quizás elaboren algunas reglas sencillas sobre cómo acudir a un amigo o una pareja cercanos para que ayuden con los problemas matrimoniales. ¿Cuáles son tus temores? ¿Qué beneficios pueden hacer que valga la pena arriesgarse a darles permiso a otros para que participen en tus tensiones y conflictos?

29

OREN LA BIBLIA JUNTOS

DON WHITNEY

Oren sin cesar.
—1 Tesalonicenses 5:17

¿Cuál es el método de oración para la mayoría de los cristianos? Es el siguiente: Cuando oramos, solemos decir lo mismo de siempre sobre lo mismo de siempre. Tarde o temprano, esa clase de oración se vuelve aburrida. Cuando orar es aburrido, no sientes deseos de hacerlo. Y cuando no tienes deseos de orar, no oras... al menos, no con fervor ni consistencia. Parece que orar fuera más una tarea que un deleite.

El problema *no* es que oramos *sobre* lo mismo de siempre. Orar sobre lo mismo de siempre la mayor parte del tiempo es normal. Esto se debe a que nuestras vidas suelen constar de las mismas cosas, día tras día. Gracias a Dios, los cambios drásticos no ocurren con tanta frecuencia.

No, el problema no es que oramos siempre por lo mismo; el problema es que solemos *decir* lo mismo sobre las mismas cosas. El resultado es que podemos estar hablando con la Persona más fascinante del universo sobre las cosas más importantes de nuestras vidas... y morirnos de aburrimiento.

¿Cuál es la solución? *Ora la Biblia.* En otras palabras, lee lentamente un pasaje de la Escritura y ora sobre todo lo que te viene a la mente a medida que lees. Si lo haces, nunca más tendrás que decir las mismas cosas al orar.

Orar la Biblia no es complicado. Lee varios versículos de la Escritura, haz una pausa al final de cada frase o versículo, y ora sobre lo que te sugieren las palabras.

Supongamos que estás orando con el Salmo 23. Después de leer el versículo 1 («el Señor es mi pastor»), podrías empezar agradeciendo a Jesús por ser tu Pastor. Después, podrías pedirle que pastoree tu familia, transformando a tus hijos o tus nietos en Sus ovejas y haciendo que también lo amen como su gran Pastor. A continuación, podrías orar por los pastores de la iglesia, para que Jesús los pastoree mientras ellos te pastorean.

Después, cuando ya no te venga nada más a la mente, puedes pasar a la siguiente frase: «nada me falta». Puedes darle gracias porque nunca realmente te ha *faltado,* u orar por otra persona —quizás alguien que conozcas, o por algún cristiano en un lugar donde haya persecución— al que sí le falte. Sigue hasta el final del salmo o hasta que se te acabe el tiempo. No te quedarás sin algo para decir (y, si así fuera, podrías pasar a otro salmo). Lo mejor de todo es que esa oración probablemente no se parezca a nada de lo que has orado en tu vida.

Esto significa que, si oras la Biblia, lo más probable es que nunca más digas lo mismo de siempre sobre las mismas cosas de siempre. No hace falta ninguna nota ni libro ni plan para recordar. Sencillamente, habla con Dios sobre lo que te venga a la mente mientras avanzas línea a línea por Su Palabra.

Si no te viene nada a la mente, pasa al siguiente versículo. Si no entiendes ese versículo, sigue con el siguiente. Si este está claro como el agua pero no te lleva a orar por nada, sigue leyendo. Si quieres tomarte tu tiempo con un solo versículo, ora según ese versículo todo lo que quieras.

Con este método, tus oraciones estarán guiadas y moldeadas por la Escritura, y mucho más de acuerdo con la Palabra y la voluntad de Dios que lo que estarían si siempre oras por tu cuenta.

Para conversar

Abran el Salmo 23, o algún otro pasaje de la Escritura que les venga a la mente, y oren juntos, turnándose para leer uno o dos versículos y orando lo que les venga a la mente por su matrimonio y su vida juntos. Consideren hacer de orar la Biblia juntos una parte de su vida cotidiana como matrimonio.

30

UN COMPROMISO CON ALGUIEN MAYOR QUE EL MATRIMONIO

MARSHALL SEGAL

Esposos, amen a sus esposas, así como Cristo amó a la iglesia y se entregó por ella.
—Efesios 5:25

El matrimonio está bajo ataque, y ni siquiera me refiero principalmente al supuesto «matrimonio igualitario». El individualismo, el consumismo y la ambición profesional excesiva han rebajado el valor percibido y la centralidad del matrimonio. Ahora, se suele ver el matrimonio simplemente como un complemento social conveniente para los otros sueños y ambiciones de una persona. Si se pone difícil, lento o aburrido, o si requiere más de nosotros de lo que queremos, podemos retraernos, castigar a nuestro cónyuge y nuestros hijos de manera directa o indirecta, y terminar saliendo y cortando por lo sano. A menos, por supuesto, que Jesús sea el objetivo y la potencia de tu matrimonio. Cualquiera que haya experimentado el matrimonio por más de una semana puede dar testimonio de que es difícil. Esto ha sido cierto a través de las generaciones, las culturas y las cosmovisiones. Los matrimonios no sobreviven durante décadas alimentados por comodidades y realización personal; al menos, no de manera feliz. Los matrimonios resisten y prosperan alimentados por un compromiso inquebrantable y abnegado entre los cónyuges y con algo mayor, más fuerte y más duradero que el matrimonio. Por lo tanto, el matrimonio cristiano es una oportunidad de mostrarle al mundo algo (mejor aún, a Alguien) lo suficientemente fuerte para mantener unido un matrimonio y hacerlo increíblemente significativo y feliz.

El matrimonio cristiano declara el evangelio con más humildad, consistencia y claridad que casi cualquier otra clase de relación que tengamos en esta vida. Por eso, el consejo de Dios para el matrimonio tiene forma de cruz. El camino al matrimonio más hermoso, poderoso y satisfactorio es el camino al Calvario. La Biblia deja en claro que las conductas y los ritmos del pacto matrimonial publicitan el amor perdonador, sacrificado y redentor de Cristo por los pecadores. Pablo lo repite de varias maneras, al hablar a los casados.

> *Porque el esposo es cabeza de su esposa, así como Cristo es cabeza y salvador de la iglesia, la cual es su cuerpo.* (Ef. 5:23)

> *Esposos, amen a sus esposas, así como Cristo amó a la iglesia y se entregó por ella.* (Ef. 5:25)

> *«Por eso dejará el hombre a su padre y a su madre, y se unirá a su esposa, y los dos llegarán a ser un solo cuerpo». Esto es un misterio profundo; yo me refiero a Cristo y a la iglesia.* (Ef. 5:31-32)

Casi no se ve esta clase de amor como el de Cristo en otras relaciones, porque lo que está en juego no es tan importante. Un esposo y una esposa han hecho un pacto ante Dios de amarse hasta la muerte. No hay ninguna rampa de salida ni escotilla de escape. A algunos, esto puede darles miedo, pero fuimos creados para esta clase de amor: un amor de pacto, resistente, derrochador y que cumple sus promesas. Así nos ama Dios, y es la clase de amor que confirma, de manera tangible y habitual, el evangelio que le comunicamos a nuestro mundo tan necesitado.

Para conversar

Terminen este estudio hablando de una o dos verdades que más les hayan quedado presentes en la mente y el corazón después de estas lecturas. Oren juntos para que florezcan en lo personal y para que su matrimonio prospere, mientras descansan en algo (en Alguien) mucho más profundo y más grande que su matrimonio.